WAS IST WAS

FLUGZEUGE
Der Traum vom Fliegen

WAS IST WAS

HUNDE
Liebling auf vier Pfoten

WAS IST WAS

DINOSAURIER
Im Reich der Riesenechsen

WAS IST WAS

PLANETEN
UND RAUMFAHRT
Expedition ins All

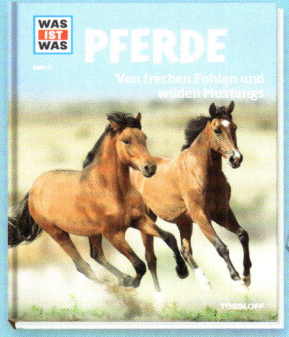

WAS IST WAS

PFERDE
Von frechen Fohlen und wilden Mustangs

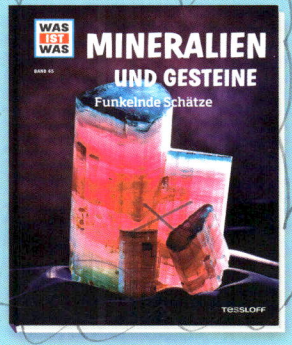

WAS IST WAS

MINERALIEN
UND GESTEINE
Funkelnde Schätze

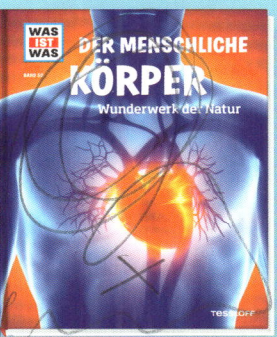

WAS IST WAS

DER MENSCHLICHE
KÖRPER
Wunderwerk der Natur

WAS IST WAS

AUTOS
PS, Hybrid und Turbostars

WAS IST WAS

DAS ALTE
ÄGYPTEN
Goldenes Reich am Nil

WAS IST WAS

PIRATEN
Schrecken der Meere

WAS IST WAS

SPINNEN
Jäger am seidenen Faden

WAS IST WAS

DIE SIEBEN
WELTWUNDER
Schätze der Antike

WAS IST WAS

RELIGIONEN
Woran wir glauben

WAS IST WAS

BURGEN
Zeugen des Mittelalters

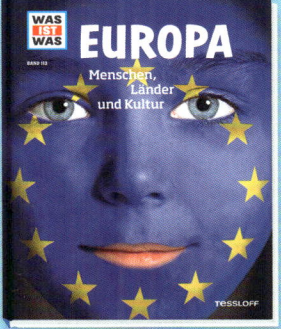

WAS IST WAS

EUROPA
Menschen, Länder und Kultur

WAS IST WAS

FEUERWEHR
Retter im Einsatz

WAS IST WAS

MODE
Was uns anzieht

WAS IST WAS

GEHEIMNIS
TIEFSEE
Leben in ewiger Finsternis

**Die Reihe wird
fortgesetzt.**

WAS IST WAS

SCHIFFE
Vom Einbaum zum Ozeanriesen

TESSLOFF

Wo ist was?

Hier siehst du, wo du bist!

Geh mit den Wikingern auf große Fahrt!

Münze aus der Zeit der Wikinger

Die berühmte »Titanic«! Was geschah am 14. April 1912?

32 Spezialisten für den Welthandel

Die mit ▶ markierten Seiten könnten dich besonders interessieren!

36 Seite

Schiffe sind wichtige Transportmittel für viele Arten von Waren. Sieh dir den Hafen aus der Nähe an!

In den genormten Stahlcontainern gehen Güter aus aller Welt auf die Reise.

Abenteuer in der Arktis

46 Seite

Das Eis bricht! Begleite die Crew der »Polarstern« auf ihrer Forschungsreise!

44 Die Welt entdecken

48 Glossar

Hier findest du die wichtigsten Begriffe kurz erklärt.

Leinen los!
Die weite Welt

Eine Nacht im August 1650. Die Handels-flotte kehrt heim. Das Meer vor Amsterdam scheint von den Laternen der Segelschiffe bedeckt zu sein. Es sind Ostseefahrer darunter, die mit ihren Fleuten Dänemark umschifft haben. Die Indienfahrer haben das Kap der Guten Hoffnung an der Südspitze Afrikas umrundet. Die Bäuche ihrer Pinassschiffe bergen eine Fracht, die fast so kostbar ist wie Gold: Gewürze. Im Morgengrauen löschen sie ihre Fracht. Über den Kais schwebt eine merkwürdige Duftwolke. Es mischen sich gepökelter Hering, Pfeffer, Nelken, Muskat, Zimt, Kardamom, Kümmel, Tang und Teer.

Ihre überlegene Flotte machte die Niederlande im 17. Jahrhundert steinreich. Das fortschrittlichste Land Europas verfügte über etwa 15 000 Schiffe, 6 000 davon waren für den Über-seehandel gebaut. Alle anderen Seevölker Europas kamen zu-sammen kaum auf 4 000 Schiffe. Die holländischen Handelsgesell-schaften beherrschten den Fernhandel. Sie schütteten fabelhafte Gewinne aus. Ein Pfund Muskatnüsse kostete 25 Gulden. Zum Vergleich: Ein Matrose verdiente ungefähr 30 Gulden

> »Es sind so viele Schiffe, dass der Wind verteuert werden müsste, der sie hierher bringt, nicht aber die Gewürze.«
>
> *Francesco Carletti (1573–1636), Kaufmann und Weltreisender aus Florenz*

im Monat. Die Goldgrube Hollands war aber der Heringshandel. Er warf jährlich einen Ertrag von 65 Millionen Gulden ab.

Was machte die Überlegenheit der Fleute aus?

Das schmucklose, dreimastige Handelsschiff war ganz auf Wirtschaftlichkeit ausgerichtet. Sein breiter Rumpf bot große Laderäume. Die Fleute war wendig; der Tiefgang war gering. Die Ruderpinne wurde durch ein Steuerrad ersetzt und das Schiffsheck war gerundet. Obendrein brachte sie Steuervorteile. Denn Dänemark kontrollierte die Meerenge zur heringsreichen Ostsee. Die Dänen berechneten den Kauffahrern saftige Zölle nach der Größe der Decksfläche. Die listigen Fleutenbauer gaben ihren Schiffen deshalb Bordwände, die sich nach oben stark verengten. Das Deck schien also ganz schlank, während darunter ein dicker Bauch im Wasser lag. Das Pinassschiff war eine Weiterentwicklung der Fleute für den Ostindienhandel. Lange bevor Eisenbahn,

Autos, Flugzeuge oder Fahrräder erfunden wurden, waren Schiffe die einzigen und schnellsten Verkehrsmittel. In Zeiten, als die meisten Menschen auf dem Land lebten und kaum etwas außerhalb ihres Dorfes kennenlernten, waren Segelschiffe die reinsten Raumschiffe.

FLEUTE

Länge	28 bis 36 Meter
Ladefähigkeit	150 bis 400 Tonnen
Besatzung	8 bis 22 Mann
Bewaffnung	–

PINASSE

Länge	22 bis 48 Meter
Ladefähigkeit	50 bis 1 200 Tonnen
Besatzung	20 bis 250 Mann (je nach Bewaffnung)
Bewaffnung	Kanonendeck mit 18 bis 36 Geschützen

Voll beladene Handelsschiffe kehren zurück in den Amsterdamer Hafen.

Frühe Boote

Ein Einbaum wiegt rund 300 Kilogramm.

Das Rad und das Schiff zählen zu den größten Erfindungen der Menschheit. Beide können wir keinem Einzelerfinder zuordnen. Sie sind eher das Ergebnis gemeinschaftlichen Lernens.

Die Ersten, die sich aufs Wasser wagten

Die frühesten Wasserfahrzeuge der Menschheit waren Flöße, Einbäume, Schilfboote, Fellboote und aufgeblasene Tierhäute. Vermutlich trieben der Fischfang und die Jagd die Menschen aufs Wasser. Auf ihren Wanderungen mussten die Steinzeitmenschen breite Ströme durchqueren. Die Pflanzen, die bei den Siedlungen der Bootsbauer wuchsen, bestimmten das Material, das für ein Wasserfahrzeug verwendet wurde. Deshalb kann in Mitteleuropa die Schifffahrt nicht mit Einbäumen begonnen haben. Gegen Ende der letzten Eiszeit, etwa 8000 vor Christus, wuchsen Bäume in dieser Region nämlich noch gar nicht. Rentiergeweihe dienten stattdessen als Gerüste für Fellboote, die vor über 10 000 Jahren in Schleswig-Holstein gebaut wurden. In Nordamerika und Kanada legten die Ureinwohner Birkenrinde als Schalung über ihren Kanugerüsten aus. Wo es Bäume gab, waren vermutlich Baumstämme oder aus mehreren Stämmen zusammengebundene Flöße die ersten Wasserfahrzeuge. Mit Paddeln konnte man sie gut bewegen und steuern. Die Fahrten beschränkten sich jedoch auf Flüsse, Seen und ruhige Küstengewässer.

Die meisten frühen Bootsformen haben sich übrigens bis heute erhalten: In Afrika und Südamerika gibt es Einbäume, in Indien und Vietnam geflochtene Korbboote, auf den Südseeinseln Auslegerkanus und bei den Eskimos Kajaks.

Floß: schwer, ohne Gerüst

Fellboot: leichte Gerüstbauweise

Die Guffa aus dem Irak ist innen und außen mit Asphalt abgedichtet. Im Irak sind seit dem Altertum Asphaltlager bekannt.

Auslegerboot in der Südsee

Holzflößer auf der Isar

Schlanker Einbaum in Südostasien

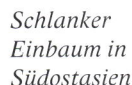

Gerüstboot

Wie baut man einen Einbaum?

Ein Einbaum entsteht, indem man einen Baumstamm ausbrennt oder mit Werkzeugen aushöhlt, also durch das Wegnehmen von Material. So wird aus einem Stamm der Bootskörper, der sich allerdings leicht ins Wasser dreht. Ein sensationeller Fund wurde 1955 gemacht: Bei Pesse in Holland fand man einen 8 300 Jahre alten Einbaum.

Auf zu neuen Ufern: Australien!

Aus der Zeit um 40000 vor Christus stammen die ersten menschlichen Spuren in Australien. Während der letzten Eiszeit war der Wasserstand so niedrig, dass eine Landbrücke Südostasien und Australien verband. Sie war nur von einem schmalen Meeresarm unterbrochen, der heutigen Makassarstraße. Die Siedler haben ihn überwunden; sie gelten als die ersten Seefahrer.

Warum geht ein Boot nicht unter?

Holz ist leichter als Wasser; deshalb schwimmt ein Floß auf dem Wasser. Aber auch Schiffe, deren Baustoff schwerer ist als Wasser, schwimmen. Denn wenn die Auftriebskraft des Hohlkörpers Schiff größer ist als die Gewichtskraft des Wassers, schwimmt das Schiff. Diese Grundregel heißt Archimedisches Prinzip.

Schiffe der Antike

Die antiken Hochkulturen des Mittelmeerraums brachten bemerkenswerte Schiffe hervor. Das milde Klima, ein meist ruhiges Binnenmeer und die Schätze der Küstenstaaten von drei Kontinenten – Afrika, Vorderasien und Europa – luden die Menschen dazu ein, das Mittelmeer zu erkunden.

Ein Bild aus der Grabkammer des Menna: Dieses frühe Schiff segelte entlang des Nils.

Die Schiffe Ägyptens

Die Ägypter bauten schon 3000 vor Christus große Schiffe, die sie bis nach Kreta und Syrien brachten. Außerdem verschifften sie Korn und Vieh aus dem Nildelta flussaufwärts. Da Holz im trockenen und heißen Ägypten knapp war, bündelte man Schilf zu Booten. In den Bergen Phöniziens an der östlichen Mittelmeerküste wuchsen dagegen prächtige Zedern. So begannen die Ägypter etwa um 1500 vor Christus, auch Holz für den Schiffbau einzuführen.
Die Handelsflotte der Königin Hatschepsut importierte aus dem Land Punt Gold, Gewürze und Elfenbein. Punt lag vermutlich an der Küste Ostafrikas. Mit zwei großen Rudern wurden diese Schiffe gesteuert. Das Rahsegel fing den Wind ein, der aber Rückenwind sein musste. Bei Gegenwind musste man staken oder rudern.

Die ersten Seefahrer: die Phönizier

Die Phönizier gelten als erste Seefahrermacht der Antike. Von den Kretern hatten sie gelernt, Querspanten in ihre Schiffe einzubauen, was ihnen Festigkeit gab. Von da an unternahmen die Phönizier ausgedehnte Handels- und Entdeckungsreisen, aber auch gefürchtete Raubzüge. Ein kräftiger Rammsporn am Bug wurde dafür nicht vergessen. Ihre bis zu 30 Meter langen, bauchigen Transportschiffe waren zudem mit Mast, Rahsegel und Riemen ausgerüstet. Die Phönizier umrundeten bereits um 600 vor Christus den afrikanischen Kontinent. Durch die Straße von Gibraltar segelten sie auf dem Atlantik bis zu den Britischen Inseln.

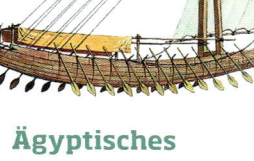

Ägyptisches Segelschiff

Antike ägyptische Segelschiffe konnten nicht gegen den Wind kreuzen. Die Leinen wurden nicht zum Manövrieren benutzt, sondern hielten nur den Mast und die Rahe (Querholz am Mast) fest. Hauptantrieb waren die Riemen, also die Ruder des Schiffes.

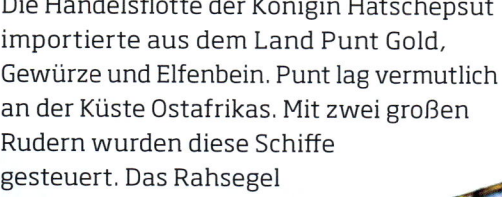

Der Nil durchzog Ägypten als wichtige Wasserhandelsstraße.

Bei Griechen und Römern

Phönizische Schiffe waren ihr Vorbild. Die Griechen entwickelten den Schiffbau dann aber selbst weiter. Sie bauten vor allem Kriegsschiffe, die zwar ein Hilfssegel hatten, jedoch hauptsächlich gerudert wurden. Man konnte nun unabhängig von der Windrichtung mit dem Rammsporn angreifen – oder schnell flüchten. Um Tempo zu machen, wurden mehrere Reihen von Ruderern übereinandergesetzt. Auf einer Bireme (lateinisch »bi« bedeutet »zwei«, »remus« steht für »Ruder«) waren zwei Reihen von Ruderern, auf der Trireme (lateinisch »tri« für »drei«) dann sogar drei. Über hundert Kriegsgefangene und Sklaven ruderten eine fast 40 Meter lange Trireme, die außerdem noch zahlreiche Krieger an Bord hatte.

Und die Römer? Im Ersten Punischen Krieg, 264 bis 241 vor Christus, begannen die Römer, griechische und karthagische Schiffe nachzubauen. Ihre große Flotte glänzte aber auch mit neuen Ideen: Jede römische Trireme hatte eine Enterbrücke, Katapulte und Enterhaken. Beim Angriff wurde die Enterbrücke im gegnerischen Schiff verhakt – fertig zum Entern! Die neue Taktik verhalf den Römern zum Sieg über Karthago. 120 Jahre später beherrschten sie den gesamten Mittelmeerraum.

Rom

Griechenland

Kreta

Ägypten

Phönizien

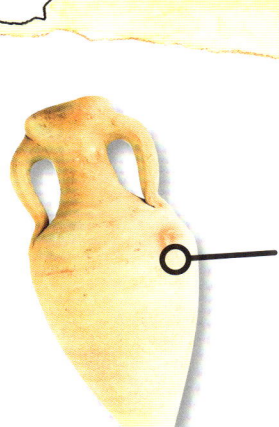

Weg damit!

Der Standardfrachtbehälter der Antike für Wein, Olivenöl und Getreide war die Amphore, ein Tonkrug mit zwei Henkeln, der zwischen fünf und 50 Litern fasste. Amphoren waren Einwegbehälter. Nach dem Schiffstransport landeten sie auf Schuttbergen.

Mit der Dau über den Indischen Ozean

Die indisch-arabische Dau wird seit Jahrtausenden von orientalischen Seefahrern benutzt. Dank der Monsunwinde im Indischen Ozean bewältigen Segelschiffe weite Strecken. Alte indische Sonnen- und Mondkalender sagten die Monsunperioden voraus. Daus werden heute noch gebaut. Das dreieckige Segel heißt Lateinersegel.

Schiffskünstler und Seekönige

Königliches Kriegsschiff auf einer Silbermünze aus Haithabu

Ein englischer Geschichtsschreiber klagt: »Die Heiden aus dem Norden kamen mit ihren Schiffen wie stechende Hornissen nach England und wie reißende Wölfe fielen sie von allen Seiten ein!« Gemeint sind die Wikinger, seefahrende Krieger aus Skandinavien.

Die Wikingerzeit

In den rund 250 Jahren von 800 bis 1066, die wir Wikingerzeit nennen, erkundeten die furchtlosen Männer mit ihren schnellen Schiffen ein riesengroßes Gebiet, das von Russland bis nach Nordamerika reichte. Ihre Entdeckungsreisen führten sie auch in den hohen Norden – bis nach Island und Grönland. Einer von ihnen war Leif Eriksson, der Sohn des verbannten Erik der Rote. Er stieß um das Jahr 1000 von Grönland bis nach Amerika vor. Auch als Händler waren die Wikinger unterwegs. In der Handelsstadt Haithabu, die zwischen Ost- und Nordsee lag, tauschten sie Pelze, Daunen der Eiderenten, Bernstein, Schleifsteine und Sklaven gegen Salz, Silber, Keramik und Glas. Sie besiedelten ferne Küsten, gründeten aber keine Königreiche zu Lande. Könige waren die Nordmänner allein zur See.

Der Drachenkopf vertrieb die Schutzgeister des Feindes.

Was war das Geheimnis des Wikingerschiffs?

Der ganze Stolz der Wikinger waren ihre genialen Schiffe. Sie hielten selbst dem gefährlichen Nordatlantik stand. Elastisch und haltbar bestanden sie aus wenigen Teilen: Kiel, Bug mit Vordersteven, Heck mit Hintersteven, Spanten – also Rumpfteilen – und Planken. Dazu kamen Riemen zum Rudern und der Mast. Wehte der Wind ungünstig, konnte man den Mast rasch umlegen. Dann mussten die Männer rudern. Der Kiel wurde aus einem einzigen Baum gehauen. Diesen Baum musste man oft lange suchen. Wo stehen schon 30 Meter hohe Eichen? Mit nur 1,5 Meter Tiefgang lag ein beladenes Schiff wendig auf dem Wasser. Entscheidend waren die Planken. Im Verhältnis zur Länge der Schiffe waren die Planken mit drei Zentimetern sehr dünn. Denn die Wikinger sägten Holz nicht, sondern spalteten Eichen- oder Kiefernstämme mit Keilen und Hämmern der Maserung nach. Mit Äxten behauten sie solche Spaltbohlen weiter. Indem sie den Holzfasern folgten, blieb die natürliche Biegsamkeit und Zähigkeit des Holzes erhalten.

Klinkerplanken

Durch überlappend vernagelte Planken werden Luftblasen unter den Rumpf gedrückt. Das vermindert den Wasserwiderstand.

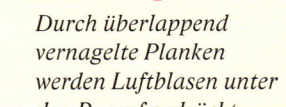

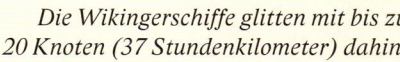

Die Wikingerschiffe glitten mit bis zu 20 Knoten (37 Stundenkilometer) dahin.

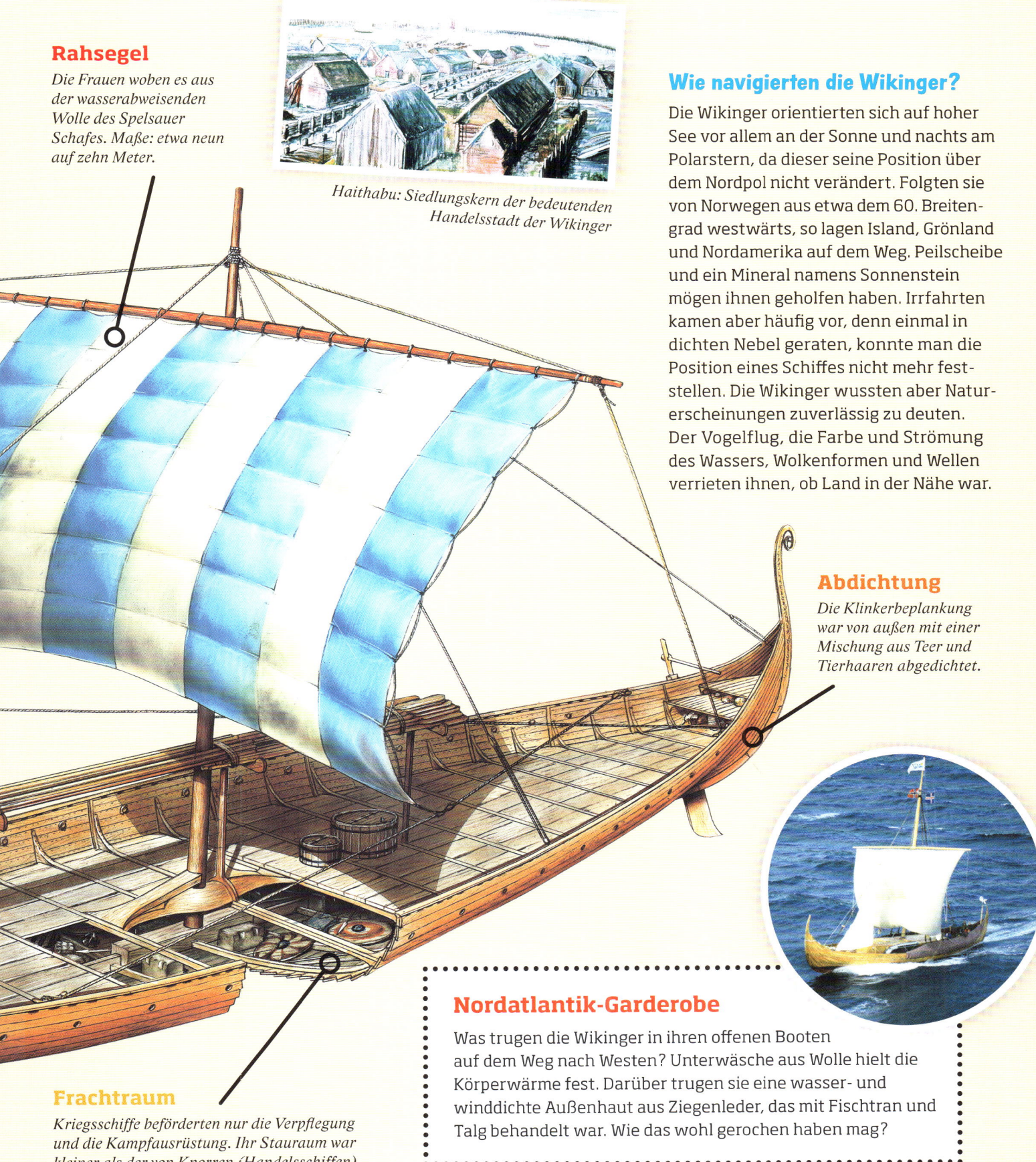

Rahsegel

Die Frauen woben es aus der wasserabweisenden Wolle des Spelsauer Schafes. Maße: etwa neun auf zehn Meter.

Haithabu: Siedlungskern der bedeutenden Handelsstadt der Wikinger

Wie navigierten die Wikinger?

Die Wikinger orientierten sich auf hoher See vor allem an der Sonne und nachts am Polarstern, da dieser seine Position über dem Nordpol nicht verändert. Folgten sie von Norwegen aus etwa dem 60. Breitengrad westwärts, so lagen Island, Grönland und Nordamerika auf dem Weg. Peilscheibe und ein Mineral namens Sonnenstein mögen ihnen geholfen haben. Irrfahrten kamen aber häufig vor, denn einmal in dichten Nebel geraten, konnte man die Position eines Schiffes nicht mehr feststellen. Die Wikinger wussten aber Naturerscheinungen zuverlässig zu deuten. Der Vogelflug, die Farbe und Strömung des Wassers, Wolkenformen und Wellen verrieten ihnen, ob Land in der Nähe war.

Abdichtung

Die Klinkerbeplankung war von außen mit einer Mischung aus Teer und Tierhaaren abgedichtet.

Nordatlantik-Garderobe

Was trugen die Wikinger in ihren offenen Booten auf dem Weg nach Westen? Unterwäsche aus Wolle hielt die Körperwärme fest. Darüber trugen sie eine wasser- und winddichte Außenhaut aus Ziegenleder, das mit Fischtran und Talg behandelt war. Wie das wohl gerochen haben mag?

Frachtraum

Kriegsschiffe beförderten nur die Verpflegung und die Kampfausrüstung. Ihr Stauraum war kleiner als der von Knorren (Handelsschiffen).

Die Hanse

In der Zeit der Ritter und Burgfräulein schlossen sich norddeutsche Kaufleute zu einem Bund zusammen, der erstaunlich moderne Züge trägt: die Hanse. Selbstbewusst schloss die Hanse internationale Handelsverträge ab und führte sogar Kriege. Das stand eigentlich nur souveränen Staaten zu. Ihre Mitglieder waren angesehene Kaufleute, die führende Ämter in ihren Städten bekleideten. Sie schmiedeten aus dem Kaufmannsbund mit der Zeit einen einflussreichen Städtebund von rund 80 Hansestädten. Als »Königin der Hanse« galt die Stadt Lübeck.

Womit handelte die Hanse?

Im 12. und 13. Jahrhundert wuchs die Bevölkerung Europas rasch an – und damit auch der Handel. Tausende von Hansekoggen erledigten fast den gesamten Seehandel vom heutigen Belgien bis nach Russland. Sie transportierten in Dreiecksfahrten Salz, Getreide, Bauholz, Fisch, Wolle, Häute, Pech und Bier. Eine Kogge legte zum Beispiel in Brügge mit Leinen beladen ab, das sie nach Dänemark brachte. Von dort lieferte sie Butter und Schmalz nach Riga. Dort angekommen, wurden wiederum Felle, Honig und Wachs für Brügge geladen.

Siegel

Im Mittelalter wurden wichtige Urkunden und Verträge mit Siegeln versehen. Rotes Wachs durften nur Souveräne (Kaiser, König oder Fürst) benutzen. Die Hansestädte, soweit sie freie Reichsstädte waren, besiegelten Verträge mit weißem Wachs. Gut zu sehen sind die Schiffe in den Siegeln der Hansestädte.

Die Hansekogge

Man sieht der hochmittelalterlichen Kogge ihr Wikingererbe noch an. Doch so elegant und schnell die Schiffe der Wikinger waren, ihre Bauweise verschlang große Mengen Holz. Denn aus einem Baum ließen sich oft nur wenige – dafür perfekte – Planken spalten. Die Koggenbauer verzichteten aus wirtschaftlichen Gründen darauf. Mit der Säge konnte man schließlich viel mehr Planken aus einem Baumstamm herausholen und so aus weniger Bäumen mehr Schiffe bauen.

Der starke, bauchige Rumpf einer Kogge hatte vor allem einen Zweck: Er sollte viel Ladung gut geschützt fassen. Deshalb verzichtete man auf die Riemenreihen und zog dafür ein geschlossenes Oberdeck ein. Ein paar Ruderplätze blieben aber. Entscheidend war die Hochseetüchtigkeit. Die Kogge war das erste Schiff, bei dem das Steuerruder von rechts (deshalb heißt rechts bis heute »steuerbord«) an den Achtersteven, also nach hinten gewandert war. Es wurde dort mit Eisenscharnieren befestigt. Seit dem 13. Jahrhundert ist das Heckruder Standard im Schiffbau. Kastelle an Bug und Heck dienten der Besatzung als Unterkunft und als Kampfbühnen gegen Piraten. Die konnte man frühzeitig aus dem Krähennest (Ausguck) am Mast sichten.

Die Kaufleute reisten in Verbänden von bis zu fünf Schiffen, die sich bei Überfällen und Unwettern gegenseitig Hilfe leisten konnten. Um Freund und Feind unterscheiden zu können, trug jede Hansekogge zwei Städtebanner in den Farben der Hanse: Rot und Weiß.

Im späten Mittelalter um 1450 verdrängte der geräumigere Holk Stück für Stück die Kogge. Er war meist ein Dreimaster. Zwei Rahsegel sorgten für besseren Antrieb, während das dreieckige Lateinersegel eine gute Steuerhilfe war. Jetzt konnte man sogar gegen den Wind kreuzen!

Hafenanlagen

So große Schiffe wie die Koggen konnten nicht einfach am Strand anlanden. Die Hafenstädte wendeten daher viel Geld für den Bau von Kaien, Lagerhäusern und Leuchtfeuern auf.

➡ Schon gewusst?

Das Schiff des berüchtigten Seeräubers Klaus Störtebeker hieß »Seetiger«. Die hansische Flotte stellte die »Seetiger« 1401 vor Helgoland. Störtebeker wurde auf der »Bunten Kuh« nach Hamburg gebracht und geköpft.

Kogge mit zwei Kastellen: ein kleineres am Bug, ein größeres am Heck.

Neue Schiffe – neue Zeit

War die Erde eine Scheibe oder eine Kugel? Die Gelehrten behaupteten: eine Kugel. Was sagte die Erfahrung? Wenig. Man musste sie erst machen. Wenn die Welt eine Scheibe war, dann müsste sie mit abgrundtiefen Wasserfällen enden. Außerdem vermutete man am Weltende Seeungeheuer und brütende Hitze, sodass die Seefahrer nach wenigen Stunden schwarz würden. Das vermeintliche »Weltende« hatte einen Namen: das Kap der Angst (Kap Bojador).

Vom Weltende nach Indien

Der portugiesische Prinz Heinrich der Seefahrer war selbst nie zur See gefahren. Aber er entsandte unermüdlich Expeditionen in Richtung Kap der Angst. Die Kapitäne und Steuermänner zeichneten alles auf, was sie beobachteten. Dieses Wissen wurde streng geheim gehalten: astronomische Tabellen, Navigationsinstrumente und Karten. 1434 segelte schließlich Gil Eanes über Kap Bojador hinaus – der Bann war gebrochen! Doch erst

Vasco da Gama bewältigte 1497 den weiten Seeweg nach Indien, der um das Kap der Guten Hoffnung führte. 100 Jahre lang sollten die portugiesischen »Pfeffersäcke« nun den Gewürzhandel mit Indien beherrschen, bis Holländer und Engländer ihnen das Geschäft streitig machten.

Das andere Indien!

Der berühmteste Erforscher des Seeweges nach Indien war Christoph Kolumbus. Er reiste im Auftrag der spanischen Krone. Entdeckt hat er Amerika, aber er glaubte bis zu seinem Tode, den westlichen Seeweg nach Indien gefunden zu haben. Kolumbus befehligte zwei Karavellen, die »Pinta« und die »Nina«, und die große Karacke »Santa Maria«. Er navigierte dabei erstaunlich präzise nach Kompass, Sonne und Polarstern. Nur beim Erdumfang verrechnete er sich: Er nahm ihn mit 30 000 statt mit 40 000 Kilometern an. Am 12. Oktober 1492 betrat Christoph Kolumbus zum ersten Mal amerikanischen Boden, rund 500 Jahre nach Leif Eriksson.

Aus dem Bordbuch von Christoph Kolumbus:

Freitag, 12. Oktober: Um zwei Uhr morgens kam das Land in Sicht, von dem wir etwa acht Seemeilen entfernt waren. Wir holten alle Segel ein und fuhren nur mit einem Großsegel, ohne Nebensegel. Dann lagen wir bei und warteten bis zum Anbruch des Tages, der ein Freitag war, an welchem wir zu einer Insel gelangten, die in der Indianersprache »Guanahani« hieß. (...) Unseren Blicken bot sich eine Landschaft dar, die mit grün leuchtenden Bäumen bepflanzt und reich an Gewässern und allerhand Früchten war.

Das Kap der Angst

Kap Bojador liegt an der Küste der glühend heißen Westsahara in der Nähe der Kanaren. Tatsächlich sind die sieben Seemeilen an Sandbänken vor der Küste schwierig zu navigieren. Die südliche Meeresströmung und Sandstürme erschweren die Fahrt.

Kap Bojador

Kap der guten Hoffnung

Krähennest

Die Fock

Dies ist das Segel, das am Vormast getakelt ist. Vormast und Bugspriet stehen auf dem Vorderkastell, das sowohl Kampfbühne als auch Schlafplatz war.

Der Bugspriet

Diese Spiere (Rundholz) ragt schräg über den Bug hinaus. Das kleine Rahsegel, das daran befestigt ist, heißt Blinde.

Frachtraum

An die hundert Tonnen (Fässer) hatten in einem großen Frachtraum Platz. Doch auf der Expedition wurde der Proviant dennoch oft knapp.

Welche Schiffe fuhren die Entdecker?

Die Karavelle war der neue Schiffstyp des 14. Jahrhunderts im Mittelmeerraum – das typische Entdeckerschiff. Im Deutschen hieß sie Kraweel. So nannte man auch die neue Art der Beplankung: Bei der Kraweel-bauweise stoßen die Planken glatt aneinander und werden mit Zapfen oder großen Schiffsnägeln verbunden. Die beiden Masten der Karavelle waren unterschiedlich getakelt: ein kleines und ein großes Rahsegel am vorderen Mast, hinten ein dreieckiges Lateinersegel. Karavellen hatten schon Heckruder und Kastelle vorne und hinten auf dem Schiff. Größere Karavellen werden als Karacken bezeichnet. Beide waren die ersten wirklichen Hochseeschiffe. Wie die meisten Schiffstypen wurde auch die Karavelle weiterentwickelt. Die wichtigste Veränderung war die Erweiterung von zwei auf drei Masten. Die Takelage blieb aber ähnlich: Die beiden vorderen Masten trugen Rahsegel. Beim hinteren Mast blieb das Lateinersegel. Die Karavelle schrieb Erfolgsgeschichte: Sie blieb ein ganzes Jahrhundert lang der vorherrschende Schiffstyp.

➡ Schon gewusst?

Indien oder Indien? Früher war mit »Westindien« nicht der Westen Indiens gemeint, sondern die Karibischen Inseln vor Amerika. »Ostindien« bezeichnete dagegen das heutige Indien, Indonesien und ganz Südostasien.

Wind –
der unsichtbare Beweger

Der Wind ist unsichtbar und kann doch Dächer abdecken, Bäume entwurzeln – oder Segel blähen. Für die Menschen früherer Jahrhunderte war der Wind die mächtigste Kraftquelle, die sie mit zwei großen Maschinen zu nutzen wussten: Windmühle und Segelschiff. Doch um 1700 wusste niemand, warum der Wind weht. Wie sollte man ihn messen? Seefahrer aller Herren Länder versuchten Einteilungen für den Wind zu schaffen. Diese waren aber noch viel zu ungenau.

Den Wind messen

Erst der britische Admiral Sir Francis Beaufort (1774–1857) entwickelte um 1806 eine Skala, die in treffenden Worten Windstärken beschrieb. Noch heute sind die Windstärken

Monsterwellen, nur Seemannsgarn?

Lange tat man Berichte über Monsterwellen, die ganze Schiffe zertrümmerten, als Seemannsgarn ab. In der Neujahrsnacht von 1995 änderte sich das. Die Wellenmessanlage einer norwegischen Ölbohrinsel in der Nordsee meldete während eines Sturms eine Welle von 26 Metern Höhe. Neun Monate später trafen drei Monsterwellen von bis zu 30 Metern Höhe den Luxusliner »Queen Elizabeth 2« auf dem Weg nach New York. Das Tückische an Monsterwellen ist, dass sie auch bei gutem Seewetter entstehen, wenn sich kleinere Wellen überlagern. Die höchste Wasserwand, die je gemessen wurde, war 34 Meter hoch. Die Erforschung der Monsterwellen hat auch den Schiffsbau verändert.

nach Beaufort benannt. Sir Francis war ein genauer Naturbeobachter und Kartograf. 1935 wurde die Beaufortskala international gültig. 1949 erweiterte man die Skala um fünf weitere Stufen:

Windstärke 13: 134–149 km/h
Windstärke 14: 150–166 km/h
Windstärke 15: 167–183 km/h
Windstärke 16: 184–202 km/h
Windstärke 17: über 202 km/h

Bis zum Tornado

Irgendwann war die Beaufortskala nicht mehr ausreichend. Es entstand die Fujita-Tornado-Skala, die von F0 bis F5 reicht. Winde dieser Stärken können sogar asphaltierte Straßen vom Boden »saugen«.

Oben: freundliches Seewetter mit Wellengang. Links: Ein Orkan fegt über eine Stadt hinweg. Gehen ist lebensgefährlich, Bäume werden entwurzelt.

Windstärke 4

Bei stürmischem Wind hält man sich besser mit beiden Händen fest.

Wie sieht die Windstärke aus?

keine Luftbewegung, Rauch steigt gerade empor, spiegelglatte See

kaum merklich, Rauch treibt leicht ab, Windfahnen unbewegt, leichte Kräuselwellen ohne Schaumkämme

Blätter rascheln, Wind ist im Gesicht fühlbar, kleine und kurze Wellen

Blätter und dünne Zweige bewegen sich, Wellenkämme beginnen, sich zu brechen

Staub wird vom Boden gehoben, Zweige bewegen sich, längere Wellen mit Schaumkämmen

kleine, belaubte Bäume schwanken, Wind deutlich hörbar, mäßige Wellen von großer Länge

starke Äste in Bewegung, hörbares Pfeifen an Drahtseilen, größere Wellen mit brechenden Köpfen

Bäume schwanken, Widerstand beim Gehen gegen den Wind, See türmt sich, weißer Schaum in langen Streifen

Fensterläden werden geöffnet, Zweige brechen von Bäumen, das Gehen ist schwierig, sehr lange Wellenberge

Äste brechen, kleinere Schäden an Häusern, Dachziegel werden abgehoben, hohe Wellenberge, Brecher bilden sich

Bäume werden entwurzelt, Baumstämme brechen, größere Schäden an Häusern, sehr hohe Wellen (bis neun Meter), schwere Brecher

heftige Böen, schwere Sturmschäden, Dächer werden abgedeckt, dicke Mauern beschädigt, Gehen ist unmöglich, brüllende See, Wasser wird waagerecht weggeweht

schwerste Verwüstungen, Wellenberge (über 14 Meter), See vollkommen weiß, keine Sicht mehr

Ohne eigenen Motor gibt es hier keine Fortbewegung.

Bestes Segelwetter: Alle Segel können gesetzt werden; zügige Fahrt »beim Wind«.

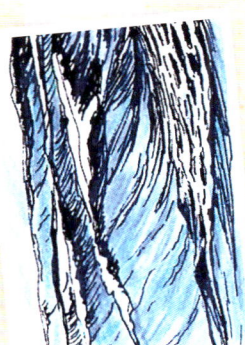

Die See rollt bei Sturm. Nur ein Zehntel der Segelfläche möglich.

Das hält kein Segel aus!

Frische Brise oder schon starker Wind?

Windstärke

 **0** Windstille, unter 1 km/h

 **1** leiser Zug, 1–5 km/h

 2 leichte Brise, 6–11 km/h

3 schwache Brise, 12–19 km/h

 4 mäßige Brise, 20–28 km/h

 5 frische Brise, 29–38 km/h

6 starker Wind, 39–49 km/h

 **7** steifer Wind, 50–61 km/h

 8 stürmischer Wind, 62–74 km/h

 **9** Sturm, 75–88 km/h

 **10** schwerer Sturm, 89–102 km/h

 **11** orkanartiger Sturm, 103–117 km/h

12 Orkan, über 117 km/h

Piraten und Seekriege

Portugiesen und Spanier hatten es vorgemacht. Mit ihren Flotten hatten sie die Reichtümer ferner Länder ausgebeutet und Kolonialreiche gegründet. England, Frankreich und die Niederlande zogen nach und bauten ihre Handels- und Kriegsflotten im 16. und 17. Jahrhundert kräftig aus. Die Schiffe wurden größer und waren schwer bewaffnet. Unzählige Scharmützel und Seekriege trugen die fünf Seemächte untereinander aus.

Die mächtigen Galeonen

Große Fleuten und Pinassen wickelten den Handel mit Ostindien ab und schafften das Gold Südamerikas nach Spanien. Die Galeone, eine Weiterentwicklung der Karacke, war dagegen ein Kriegsschiff. Sie glich einer reich verzierten, schwimmenden Festung. Ihre Bordwände und Kastelle ragten hoch aus dem Wasser auf. Jeder ihrer drei bis vier Masten trug mehrere Segel. Galeonen besaßen zwei oder sogar drei durchgehende Decks. Diese Schiffe sollten nicht nur funktionieren, sondern auch die Macht und Größe von Königreichen zur Schau stellen.

Zunächst wurden die Galeonen daher sehr prächtig verziert. Der Prunk einer ganzen Nation sollte hier deutlich werden. Im Laufe der Zeit verzichtete man dann immer mehr auf die imposanten Kastelle.

Die Fregatte – das Erfolgsmodell

Ein erfolgreicher Schiffstyp des 18. Jahrhunderts war die Fregatte. Die Fregatte war vor allem ein schnelles Kriegsschiff. Sie konnte aber auch als Handelsschiff verwendet werden. Alle drei Masten waren zunächst mit Rahsegeln getakelt. Das Rahsegel am dritten Mast wurde später aber durch ein Besansegel ersetzt: Es stand nun längs zur Schiffsrichtung. Manche dieser Kriegsschiffe hatten bis zu 120 Kanonen an Bord! Das berühmteste von allen ist wohl die »HMS Victory« von 1765, die heute in Portsmouth in England als Museumsschiff steht. HMS steht für **H**is/**H**er **M**ajesty's **S**hip (englisch für »Schiff Ihrer Majestät«). Sie diente Admiral Nelson 1805 bei der Schlacht von Trafalgar als Flaggschiff.

Ein flaches Heck heißt Spiegelheck. Bei dieser Galeone verzieren prächtige, vergoldete Schnitzereien das Spiegelheck mit der Kapitänskajüte dahinter.

Trafalgar: Die britische Flotte besiegte Spanier und Franzosen.

Schnellsegler mit längs gerichteten Schratsegeln

Klipper, Schoner & Co

Das 19. Jahrhundert war die große Zeit der Klipper. Englische und amerikanische Klipper wurden wegen ihrer Geschwindigkeit zur Legende. Diese dreimastigen Schnellsegler durchschnitten (englisch »clip«) die Wellen regelrecht mit ihren scharfen Unterwasserlinien. Sie waren auffällig hoch getakelt. Klipper segelten mit durchschnittlich 14 bis 15 Knoten (26–28 Stundenkilometer) – möglich waren sogar Spitzengeschwindigkeiten um 20 Knoten (37 Stundenkilometer)! Klipper transportierten verderbliche Ladung wie Früchte oder Tee aus Indien und China, daneben auch Post. Mitte des 19. Jahrhunderts gab es die sogenannten Teerennen, die derjenige Klipper gewann, der als erster einen Packen Tee der neuen Ernte in London auf den Pier warf.

Doch es gab noch andere Schiffstypen, die im 19. Jahrhundert viel gefragt waren: Auch Barken und Vollschiffe wurden gebaut. Beide sind Großsegler. Man unterscheidet sie nach der Takelung des hinteren Mastes. Sieh dir dazu am besten die Bilder unten genau an! Die Viermastbark ist eine besondere Bark: Mit ihren vier Masten galt sie als das optimale Segelfrachtschiff.

Doch damit nicht genug: Im Überseehandel spielten außerdem Schoner eine wichtige Rolle. Sie waren sehr schnell und wurden daher auch zur Piratenjagd eingesetzt.

Piraten!

Nicht alle Goldschiffe aus Südamerika erreichten ihre spanischen Heimathäfen. Manche sanken in Unwettern, andere wurden von Piraten gekapert. Manche Piraten besaßen Freibriefe ihrer Regierungen, die Schiffe anderer Nationen zu überfallen. Sie waren Teil des Handelskrieges zwischen den Seemächten und erhielten Schutz in den Häfen ihrer Auftraggeber. Ihre Beute (Prise) gehörte ihnen im Gegenzug nicht alleine: Sie mussten einen Teil des Erbeuteten abliefern. Schatzsucher und Unterwasserarchäologen mit modernen Suchgeräten durchforsten noch heute die karibischen Gewässer nach gesunkenen Schätzen …
Die gefürchteten nordafrikanischen Korsaren hatten es nicht nur auf die Schiffsladungen, sondern vor allem auf Lösegeld für gefangene Seefahrer abgesehen. Hamburg unterhielt dafür eigens eine Sklavenkasse.

Wo lauert der Schrecken der Meere?

Bark
Sie hat drei bis fünf Masten. Die vorderen sind rahgetakelt, der hintere heißt Besanmast und hat ein längs stehendes Schratsegel.

Vollschiff
Ein Vollschiff hat drei bis fünf sehr hohe Masten. Sie tragen in der Regel quer stehende Rahsegel.

Schoner
Der Schoner hat zwei bis sieben Masten. Er ist überwiegend mit Schratsegeln ausgestattet und gilt als eine Vorstufe zum Klipper.

Die Kunst der Navigation

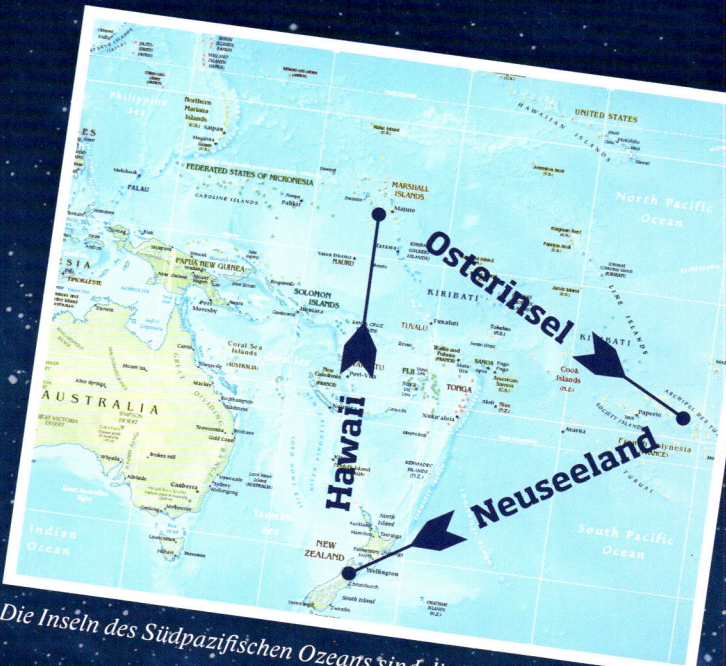

Die Inseln des Südpazifischen Ozeans sind die Heimat der Polynesier.

Navigation auf See heißt, sich in einem Raum zurechtzufinden, der keine feststehenden Merkmale bietet. Nur an den Begrenzungen des Raumes kann man sich orientieren: Himmel, Küste und der Abstand zum Meeresgrund.

Wie die Polynesier navigierten

Der Siedlungsraum der Polynesier ist ein riesiges Dreieck mit den Eckpunkten Hawaii, Osterinsel und Neuseeland. Dieses Gebiet ist sechsmal so groß wie Australien und voll kleiner bewohnbarer und unbewohnbarer Inseln. Ohne Navigationsinstrumente konnten die Polynesier darin über Tausende Seemeilen hinweg jede einzelne Insel finden. Wie haben sie das gemacht?

Es begann bereits mit dem Reisewetterbericht. Am Tag vor einer geplanten Reise ging man zum östlichen Strand der Heimatinsel. Wenn die Seesterne ihren Unterschlupf verlassen hatten und bestimmte Fische nah am Ufer schwammen, rechnete man mit gutem Wetter.

Ihr hervorragendes Gedächtnis verhalf den Polynesiern zu einer zielsicheren Navigation. Sie gründete darauf, dass die Sterne jeweils am gleichen Punkt des Horizontes aufgehen. Die Polynesier wussten auswendig, wann und wo jeder Stern aufging und über welche Inseln er hinwegzog. Sie stellten sich einen Pfad am Himmelsgewölbe vor, auf dem die Sterne einander folgten. Eine Seereise begann daher gern in den letzten Tagesstunden. Im Hawaii-Tonga-Bereich röteten außerdem Vulkane den Nachthimmel und dienten so als Wegweiser. Die polynesische Kultur überlieferte all diese Daten nicht in Karten, sondern mündlich in Gesängen und Erzählungen.

Tagsüber orientierten die Polynesier sich auf ähnliche Weise wie die Wikinger. Noch unsichtbare Inseln erkannten sie am »Licht des Landes«. Das ist der Dunstflimmer der Lagune, deren grünliches Wasser sich in den Wolken spiegelt. Bergige Inseln waren an einer stehenden Wolke zu erkennen, an der andere Wolken vorbeizogen.

Die Polynesier der Tongainseln haben die niedrigen Eilande des Ellice-Archipels schon vor Jahrhunderten sicher angesteuert. Ein Motorschiff verfehlte dort 1961 eine Insel trotz Radars.

➡ Rekord

300

Sterne und Sternbilder kannten die Polynesier auswendig.

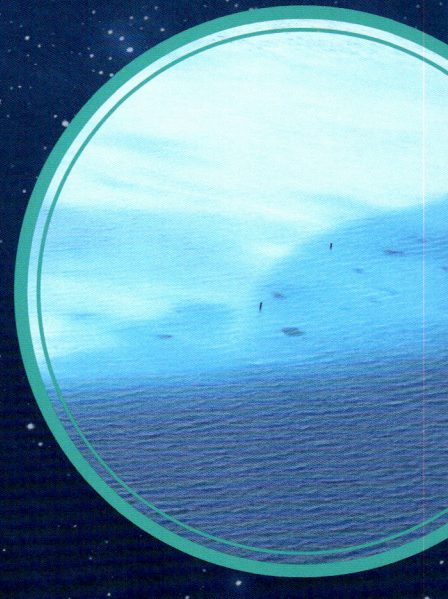

Im klaren, seichten Wasser rund um eine Insel konnten die Polynesier lesen wie in einem offenen Buch, um eine Wettervorhersage zu treffen.

Astrolabium

Ein Astrolabium ist ein Abbild des Himmels in 2-D. Es zeigt also, wie der Himmel aussehen würde, wenn man ihn plattdrücken würde. Das Astrolabium gibt an, was am Himmel von einem bestimmten Ort aus zu einem bestimmten Zeitpunkt zu sehen ist. Durch Schieben kann man das momentane Himmelsbild einstellen – und sieht so, wo man sich befindet.

Wie fanden sich die Europäer zurecht?

Die europäischen Seefahrer navigierten mehr mit Messinstrumenten und Karten. Sie hielten sich lange Zeit möglichst in Sichtweite der Küsten auf, wo sie sich an den Merkmalen des Festlandes orientieren konnten.

Tiefenmessung

Für die Küstennavigation ist die Messung der Wassertiefe entscheidend. Untiefen müssen umfahren werden; sonst droht das Schiff aufzulaufen. Mit dem Senklot stellte man sicher, dass immer mindestens eine Handbreit Wasser unter dem Kiel war.

Geschwindigkeitsmessung

Ein Log (englisch) ist ein Stück Holz. Man hängte das dreieckige, mit Gewichten beschwerte Log an eine Leine, in die Knoten in gleichen Abständen geknüpft waren. Das Log wurde am Heck über Bord geworfen, sodass das Seil während der Fahrt abgerollt wurde. Durch Abzählen der Knoten ermittelte man die gefahrene Strecke in einer bestimmten Zeit – die »Knoten«.

Einfach, aber wirkungsvoll: das Senklot aus Blei.

Koppelnavigation

Über die Geschwindigkeit berechnete man die zurückgelegte Strecke und trug sie im Logbuch ein. Gekoppelt mit der Bestimmung des Breitengrades erhielt man so die ungefähre Position des Schiffes und konnte ein Ziel ansteuern.

Magnetkompass

Ein Magnetkompass reagiert auf das Magnetfeld der Erde. Dabei zeigt eine magnetisierte Nadel immer nach Norden. Als zunehmend Stahlschiffe gebaut wurden, funktionierten die Magnetnadeln nicht mehr richtig. Denn Stahl beeinflusst den Magneten.

Oktant

Der Oktant ist ein Winkelmessgerät, mit dem der Steuermann die Position bestimmen kann. Die Skala eines Oktanten zeigt 45 Grad an. Durch einen Spiegel verdoppelt sich der Messumfang auf 90 Grad. Den Oktanten gibt es seit 1731. Er wurde um 1800 vom Sextanten abgelöst, der Winkel von bis zu 120 Grad vermessen konnte.

Messung des Breitengrades

Die Messung des Breitengrades ist die Bestimmung der Position in Nord-Süd-Richtung. Wenn der Abstand zwischen dem Polarstern und dem Horizont an der aktuellen Position kleiner ist als am Heimathafen, dann befindet man sich südlich von ihm. Ist er größer, befindet man sich nördlich. Mit Instrumenten wie dem Jakobsstab gelang es, Winkel zwischen den Sternen auszumessen.

ROBERT FULTON'S CLERMONT 1809
COPYRIGHT 1909 BY IRVING UNDERHILL, NEW YORK

Von der Windstärke zur Pferdestärke

Der amerikanische Ingenieur Robert Fulton und die »Clermont«

England führte weltweit die industrielle Revolution an. Bahnbrechend war die Erfindung der Dampfmaschine im 18. Jahrhundert – sowohl für die Eisenbahn als auch für den Schiffsbau.

Von der Windstärke zur Pferdestärke

Das wichtigste Material der Eisenbahn war Eisen beziehungsweise der daraus hergestellte Stahl. Ihr Antrieb speiste sich aus Kohle und Dampf statt aus Muskelkraft und Wind. Den Transport von Waren und Menschen beschleunigte sie auf mehr als 30 Stundenkilometer – atemberaubend schnell im Vergleich zu einer Kutschfahrt mit fünf Stundenkilometern! Solche

Geschwindigkeiten waren bis dahin nur auf See erreichbar. Tatsächlich waren es zuerst Schiffe, die einen Dampfantrieb erhielten.

Raddampfer auf dem Fluss

1807 baute der Amerikaner Robert Fulton den Raddampfer »Clermont«. Er verkehrte mit bis zu 5 Knoten (9,25 Stundenkilometer) regelmäßig auf dem Hudson River zwischen New York und Albany. Zusätzlich zur Dampfmaschine von James Watt verfügte die »Clermont« über Hilfssegel. In der Fluss- und Küstenschifffahrt wurden Raddampfer bald vielerorts eingesetzt. Der Raddampfer machte die Schiffer unabhängig von den Launen des Windes. Außerdem konnte man in engen Gewässern leichter steuern.

Dampf oder Segel?

Der »Siegeszug« der Dampfer verlief in den ersten 50 Jahren ein wenig holprig. Die Möglichkeiten der Dampfmaschine hatte man erkannt. Aber leistungsstarke Anwendungen mussten erst erprobt werden, was die Schiffbauingenieure und das Maschinenpersonal vor große Herausforderungen stellte. Bark und Klipper hatten lange noch nicht ausgedient.

Die erste Dampferfahrt nach Übersee

Eigentlich war die »Savannah« ein Segelschiff, aber sie besaß zusätzlich die Ausrüstung eines Raddampfers. Deshalb gebührt ihr die Ehre des ersten Dampfers, der den Atlantik überquerte. Das war 1819. Für diese Pionierleistung brauchte sie knapp einen Monat. Auf der Überfahrt von Savannah (USA) nach Liverpool (England) war ihre 90-PS-Maschine nur gut 80 Stunden in Betrieb – meist um Flauten zu überbrücken. Die übrigen 616 Stunden wurde gesegelt. Fast 20 Jahre sollten vergehen, bis sich die »Sirius« und die »Great Western« ein Wettrennen über den Atlantik lieferten; sie fuhren nun durchgehend mit dem neuen Dampfantrieb, diesmal von England zu den USA.

Funny Fact

Knappe Kohle

Kurz vor New York wurde an Bord der »Sirius« tatsächlich die Kohle knapp. Aber man gab nicht auf: Möbel, Takelage und sogar ein ganzer Mast mussten dran glauben! Hauptsache, man musste den Rekord nicht gefährden, indem man ein Segel bemühte …

Die Atlantiküberfahrt war in England umstritten. Niemand wollte glauben, dass ein Schiff ausreichend Kohle für die ganze Fahrt bunkern konnte. Ein Zeitgenosse spottete: »Dampfschifffahrt auf dem Atlantik ist ebenso plausibel wie die Entsendung eines Menschen auf den Mond.« Am 23. April 1838 erreichte die »Sirius« nach 18 Tagen, 4 Stunden und 22 Minuten Fahrt New York. Vier Stunden später lief die »Great Western« ein. Sie war aber drei Tage später in Bristol gestartet und deswegen viel schneller gewesen. Und es waren noch 200 Tonnen Kohle übrig! Die New Yorker bejubelten die Rekordfahrten mit Salutschüssen aus 26 Kanonen.

➡ Rekord
3 Tage,

15 Stunden und 25 Minuten: Pascal Bidégorry überquerte den Atlantik 2009 mit seinem schnellen Trimaran in Bestzeit!

Die »Savannah« in voller Fahrt auf dem Atlantik

Auf dem Mississippi

Der amerikanische Schriftsteller Mark Twain (1835–1910) hat eine Erzählung über seine Jahre als Lotse auf Heckraddampfern geschrieben. Sie erschien 1883 und heißt »Leben auf dem Mississippi«. Bis heute fahren noch Dampfer auf dem Mississippi.

Die »Great Britain«

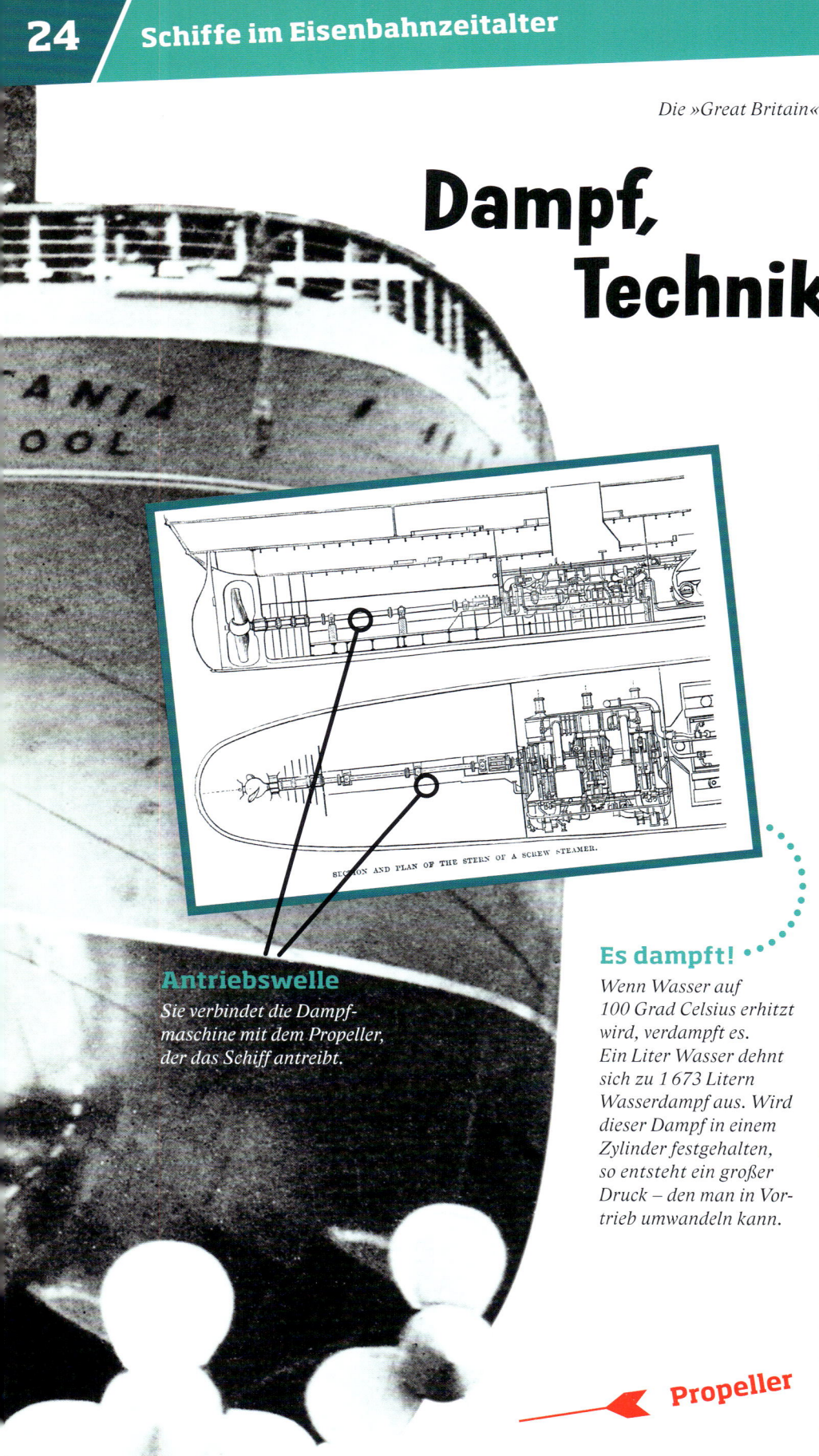

Dampf, Technik und Schiffe

SECTION AND PLAN OF THE STERN OF A SCREW STEAMER.

Antriebswelle
*Sie verbindet die Dampf-
maschine mit dem Propeller,
der das Schiff antreibt.*

◄ Propeller

Es dampft!
*Wenn Wasser auf
100 Grad Celsius erhitzt
wird, verdampft es.
Ein Liter Wasser dehnt
sich zu 1 673 Litern
Wasserdampf aus. Wird
dieser Dampf in einem
Zylinder festgehalten,
so entsteht ein großer
Druck – den man in Vor-
trieb umwandeln kann.*

Die technische Entwicklung der Dampfschiffe nahm manchen Irrweg und
brachte Erfindungen, die bis heute
in Gebrauch sind. Dabei waren die ersten
Dampfschiffe gar keine reinen Dampfschiffe …

Ganz ohne Segel?

Alle frühen Dampfschiffe besaßen noch
einen hölzernen Rumpf und eine Takelung,
die den Dampfantrieb ergänzte. Denn die
neue Antriebstechnik war noch nicht so
ausgereift, dass man auf die Segel ganz
verzichten konnte. »Segeldampfer«
brauchten zwei Crews: Matrosen für die
Segel und Maschinisten und Heizer für
den Dampfantrieb. Erst 1889 wurde mit
der »Teutonic« ein schneller Hochsee-
dampfer in Betrieb genommen, der ohne
jegliche Segel auskam. Er war mit 20 Knoten
(37 Stundenkilometer) unterwegs.
Für die Fahrt auf der offenen See war noch
eine weitere Neuerung wichtig, denn bei
hohem Wellengang bewährten sich die
Seitenräder nicht mehr: Die Rettung war
der Schiffspropeller, den der Österreicher
Josef Ressel 1827 patentieren ließ.

Die »Great Britain«

1845 kam mit der »Great Britain« ein
bahnbrechendes Schiff auf den Atlantik.
Als größtes seiner Zeit (Länge: über
98 Meter) war es als erstes ganz aus Eisen
gefertigt. Ein Schiffspropeller trieb die
»Great Britain« mit elf Knoten (20 Stundenkilometer) über den Ozean. Damit konnte
sie dem Wettbewerb mit den US-Klippern
vollkommen standhalten. Die sechsmastige
Takelung half, Brennstoff einzusparen.

XXXL – Brunel, der Visionär

Der Ingenieur der »Great Britain« hatte bereits die »Great Western« entworfen. Isambard Kingdom Brunel (1806–1859) war in England eine Art Staringenieur und Tausendsassa. Er hat nicht nur Schiffe, sondern auch Brücken und Eisenbahnen gebaut. Brunel hatte berechnet, dass sich mit der Vervielfachung der Größe eines Dampfschiffes nicht der Kohleverbrauch vervielfachte. Das bedeutete, dass ein Dampfschiff umso effizienter fuhr, je größer es war. Beflügelt von den Erfolgen der »Great Western« und der »Great Britain« wollte sich Brunel 1852 mit seinem dritten Schiff selbst übertreffen. Die 211 Meter lange »Great Eastern« wurde ein Koloss der Meere, war aber nie ausgebucht. Daher verlegte das Schiff 1866 stattdessen das 4 200 Kilometer lange transatlantische Telegrafenkabel. Die »Great Eastern« war das einzige Schiff seiner Zeit, das für diese Aufgabe groß genug war.

Ab 1877 verwendete man im Schiffbau übrigens immer mehr Stahl. Stahl war viel fester als Eisen, sodass immer größere Schiffe gebaut werden konnten.

Energie wirksamer nutzen

Bis nach 1860 fuhren die Dampfer mit Niederdruckmaschinen. Die verwandelten weniger als fünf Prozent der verbrauchten Energie in Antriebsleistung. Das bedeutete, dass pro Reise viel Brennstoff gebunkert werden musste. Damit blieb wenig Platz für die Ladung. Man arbeitete daher fieberhaft daran, die Schiffskessel zu verbessern, um einen höheren Dampfdruck zu erzeugen. Dies gelang mit großen Flammrohrkesseln und Überhitzern. Doch es blieb die Gefahr von verheerenden Kesselexplosionen. Ein großer Fortschritt war die Verbundmaschine. Sie verminderte den Druck des Dampfes stufenweise in mehreren Zylindern. Zunächst arbeiteten die Verbundmaschinen mit zwei Zylindern. Der Dampf bewegt erst den Kolben im kleineren Hochdruckzylinder. Mit abnehmendem Druck wächst das Volumen des Dampfs. Er hat aber noch genügend Kraft, den Kolben im zweiten, größeren Niederdruckzylinder anzutreiben. Es gelang, dieses Prinzip auf drei und mehr Zylinder zu erweitern. Das sparte viel Kohle ein und ließ die Maschinen ruhiger laufen.

Werften

Die Werften der eisernen Dampfschiffe waren von Anfang an große Industriebetriebe. Eine Werft arbeitet auf Bestellung eines Reeders. Er teilt die wichtigsten Größen mit: zum Beispiel den gewünschten Laderaum und die Antriebsart. Nach diesen Angaben entwirft und baut die Werft das Schiff.

1838

»Sirius«

1907

»Mauretania«

1871

»Oceanic«

	»Sirius«	»Oceanic«	»Mauretania«
Länge:	63,40 m	128 m	241 m
Pferdestärken (PS):	320	3 000	78 000
Geschwindigkeit:	8 kn (15 km/h)	14,5 kn (27 km/h)	27 kn (50 km/h)
Baumaterial:	Holz	Eisen	Stahl
Maschine:	Dampfmaschine	Verbundmaschine, 12 Dampfkessel	6 Dampfturbinen, 25 Dampfkessel
Antrieb:	Schaufelrad, Segel (4 Masten)	1 Schiffspropeller, Segel (2 Masten)	4 Schiffspropeller
Atlantiküberfahrt:	18 Tage	9 Tage	4 Tage

Willkommen an Bord

Die industrielle Revolution veränderte den Umgang der Menschen mit dem wichtigen Gut »Zeit« tief greifend. Fortan galt: »Zeit ist Geld.« In der Folge verzehnfachte sich zwischen 1850 und 1900 der Transport auf See – er war einfach wahnsinnig zeitsparend!

Zeit und Geld

Dampfschiffe erlangten bis 1900 einen Löwenanteil am Seetransport, weil sie auf einer Route, die Segelschiffe zweimal im Jahr bewältigten, zehn Fahrten in der gleichen Zeit schafften. Dampfschiffe hatten eben einen entscheidenden Vorteil: Sie waren vom Wind unabhängig. Das ermöglichte es nun erstmals, Fahrpläne aufzustellen, die man auch einhalten konnte.

Amerika war ein wichtiger Teil des Verkehrsnetzes, ebenso wie die Kolonien in Afrika. Nach der Eröffnung des Suezkanals 1869 in Ägypten folgten Kurse nach Indien und Ostasien. Der Kanal war nur für Dampfer fahrbar.

Früher war der Kaufmann auch der Beförderer seiner Waren. Der explodierende Welthandel führte zu einer Spezialisierung: Die Kaufleute kümmerten sich um die Handelsgeschäfte und die Reedereien sorgten für den Schiffstransport, den sie den Kaufleuten anboten.

Post und Passagiere

Hohe, langfristige Ausgaben waren erforderlich, um bessere und größere Dampfschiffe zu bauen, die gewinnbringend im Liniendienst fuhren. Zwei Geldquellen boten sich den Reedereien dafür an: staatliche Zuschüsse und die Auswanderer. Wegen ihrer Pünktlichkeit übertrugen die Regierungen den Betreibern von Dampfschiffen die Postbeförderung. Es war für den Handel äußerst wichtig, dass der Briefverkehr schneller und zuverlässiger abgewickelt wurde. Die Staaten bezuschussten die Postbeförderung. 1840 eröffnete die englische Cunard Line den ersten Liniendienst über den Nordatlantik – und erhielt dafür 81 000 Pfund jährlich vom Staat, eine riesige Summe. Die ebenfalls englische P & O Line bot Überfahrten nach Indien und Ostasien an.

Durch den Suezkanal verkürzte sich der Weg nach Ostafrika.

➡ **Rekord**

35 Knoten

erreichte die »United States«, die letzte Gewinnerin des Blauen Bandes. Das sind etwa 65 Stundenkilometer!

Decks der »Vaterland«

Der Schnelldampfer »Vaterland« von 1913 war für insgesamt 3 909 Passagiere zugelassen. Die Toiletten und Waschräume waren im Übrigen weit besser als auf anderen Schiffen dieser Zeit.

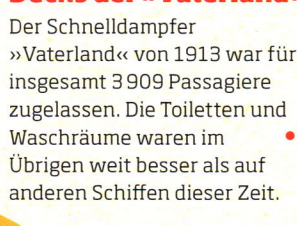

1905: der Schnelldampfer »Kaiserin Auguste Viktoria«

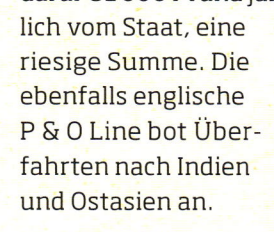

Auswanderer – das Geschäft mit der Not

Die meisten Passagiere brachten die drei Auswanderungswellen. Millionen Europäer, darunter viele Deutsche, verließen ihre Heimat, um ein neues Leben in Amerika zu beginnen. Die Ursache dafür waren Hungersnöte und politische Verfolgung. Amerika war nur per Schiff zu erreichen. Auswanderer buchten natürlich keine Rückfahrkarten. Viele bekamen von Verwandten, die sich in Amerika bereits eine Existenz aufgebaut hatten, die Fahrkarte bezahlt. Die vielen Millionen Passagiere waren für die Reedereien ein glänzendes Geschäft. Die Auswanderer reisten im Zwischendeck, das zwischen Lade- und Maschinenräumen und dem Deck für wohlhabende Fahrgäste eingezogen wurde. Dort war es unvorstellbar stickig, eng und duster. Spötter nannten das Zwischendeck auch »Apfelkiste« oder »Schweinekoben«. Die mittellosen Passagiere mussten ihre Groschen für den Start in Amerika zusammenhalten.

Einziger Komfort für die Auswanderer war die zügige Überfahrt, denn die Reedereien kämpften um Geschwindigkeitsrekorde wie das Blaue Band. Da die Reedereien um Kunden konkurrierten, verbesserten sie auch die Einrichtungen allmählich.

Reich und schön

Märchenhaft war der Luxus in der ersten Klasse der großen Passagierschiffe um 1900. Er konnte sich mit den Grand Hotels messen. Diese Pracht steigerte das Prestige der Transatlantikliner weiter.
Es gab Suiten mit mehreren weitläufigen Räumen. Die Gesellschaftsräume waren mit Edelhölzern vertäfelt und mit Buntglas überdacht. Man fand Zerstreuung im Palmengarten, auf dem Promenadendeck, im Spielzimmer, in der Bibliothek, im Rauchsalon mit Blick auf das Vorschiff oder bei Konzerten. Sportbegeisterte fanden einen Gymnastikraum sowie Schwimmbäder im römischen Stil vor. Der gesellschaftliche Höhepunkt des Tages war jedoch das Dinner im prunkvollen Speisesaal. Man war unter sich: Den »Zwischendeckern« blieb der Zutritt zu den Decks der ersten Klasse verwehrt.

Die »Titanic«

3 600 Rettungswesten führte die »Titanic« mit.

Waren die ersten Boote halb leer geblieben, so setzte bald Panik um die verbliebenen Plätze ein.

Gegen 3 Uhr morgens verstummten die Hilferufe über dem eisigen Wasser. 40 Minuten nachdem das größte, luxuriöseste und sicherste Schiff der Welt auseinandergebrochen und gesunken war. 300 Seemeilen (555 Kilometer) südöstlich von Neufundland hatte die »Titanic« einen kleinen Eisberg gerammt. Das Wrack prallte in 3 800 Metern Tiefe auf den Meeresgrund. Es riss 1 502 Menschen mit in den Tod: Kapitän, Passagiere, Maschinisten und Heizer. Nur 705 Menschen überlebten.

Sicherer als vorgeschrieben

Der Rumpf der »Titanic« war in 16 Kammern unterteilt, die wasserdicht abgeriegelt werden konnten. Die Schottwände reichten vom Boden bis zum Salondeck. Die Schotten waren mit Schwimmkörpern ausgestattet, die sie automatisch verschlossen, wenn das Wasser sie anhob. Dies wurde in Notfallübungen unterwegs getestet. Selbst wenn vier der 16 Kammern mit Wasser vollliefen, konnte das Schiff weiter schwimmen. Diese automatische Einkapselung eines Teils des Schiffskörpers sollte die »Titanic« im Notfall in ihr eigenes Rettungsboot verwandeln. Das Schiff hatte das damals leistungsstärkste Funkgerät an Bord. Es gehörte aber nicht zu den vorgeschriebenen Sicherheitseinrichtungen, sondern der Telegrafenfirma. Sie hatte es der prominenten Gesellschaft auch zum Versand von Grußtelegrammen zur Verfügung gestellt. Zahlreiche Eiswarnungen von anderen Schiffen erreichten die Funker. Doch die gingen im Gewirr privater Nachrichten unter.

Die Kollision

Um 23.40 Uhr am 14. April 1912 sichteten die Wachen einen Eisberg in 300 Metern Entfernung. Der Bremsweg der Titanic betrug über 600 Meter. Alle Maschinen wurden sofort gestoppt. Es gelang aber nicht, den Eisberg ganz zu umschiffen. Dreißig Sekunden später drückte ein Unterwasserausläufer des Eisbergs steuerbords die genietete Stahlwand ein kleines Stück ein.
Es waren nur sechs eher kleine Lecks im Rumpf der »Titanic«, aber sie verteilten sich über eine Länge von 90 Metern. In sechs Abteilungen am Bug drang Wasser ein. Der Bug neigte sich langsam ins Meer. Die Maschinisten und Heizer versuchten, das Meerwasser aus den Kesselräumen abzupumpen. Pro Stunde drangen in die »Titanic« 20 000 Tonnen Wasser ein. Alle Pumpen zusammen konnten nur 400 Tonnen abpumpen. Als klar war, dass das Schiff sinken würde, befahl der Kapitän die Evakuierung. Die 327 Männer, die im Maschinenraum arbeiteten, verhinderten noch Schlimmeres, indem sie bis zuletzt die Stromversorgung an Bord aufrechterhielten.

→ Schon gewusst?

Der Untergang der »Titanic« veranlasste den Physiker Alexander Behm, einen Detektor für Eisberge zu entwickeln. Dabei erfand er das Echolot: Ein Signal geht vom Schiff aus und wird als Echo wieder zurückgeworfen, wenn es auf ein Objekt oder den Meeresboden trifft. Aus dem Zeitabstand lässt sich die Entfernung berechnen.

Der Bug mit der Reling des Wracks

White Star Line
"OLYMPIC" & "TITANIC"

LARGEST STEAMERS IN THE WORLD

29 Heizkessel in sechs Kessel-räumen im Schiffsrumpf brachten drei Schornsteine rund um die Uhr zum Rauchen. Der vierte Schornstein war eine Attrappe.

Die Rettungsboote mussten elektrisch herabgelassen werden. Ohne Licht hätten die meisten Passagiere nicht den Weg auf das Deck gefunden. Das Funkgerät brauchte Strom für Notrufe. Um 0.45 Uhr wurde das erste Rettungsboot zu Wasser gelassen. Es hatte 67 Plätze, aber nur 36 Menschen stiegen ein. Was war von einer Nussschale auf dem rauen Nordatlantik zu erhoffen, wenn man auf einem angeblich unsinkbaren Superschiff stand? Leuchtraketen wurden abgefeuert.

Im Schiffsbauch versuchte die Besatzung derweil, mit Pumpen das Wasser gleichmäßig zu verteilen, damit das Schiff nicht seitwärts kippte. Sonst wäre niemand mehr zu retten gewesen. So blieb eine Stunde Zeit, die Passagiere in die nur 20 Rettungsboote zu evakuieren.

Die Arbeit der heimlichen Helden

Jeder Heizer schaufelte Tag für Tag tonnenweise Kohle bei Höllenhitze in die Feuerlöcher. Die meisten Heizer entschlossen sich, auf ihrem Posten zu bleiben, als die »Titanic« sank. Sie starben mit den zehn Elektrikern und 25 Ingenieuren an Bord, damit andere gerettet werden konnten.

Notruf der »Titanic«

»Haben Eisberg gerammt. 41°45 N 50°14 W. Sinken schnell. Kommt uns zu Hilfe.« QCD-Notruf – Come Quickly – Danger. Deutsch: Kommt schnell – Gefahr.

Der Untergang des berühmten Linienschiffs wurde unter anderem 1997 von James Cameron unter dem Titel »Titanic« verfilmt.

Das Ende einer Ära

»Normandie«-Plakat von Cassandre, 1935

Der Erste Weltkrieg 1914–1918 fügte dem internationalen Handel und dem Reiseverkehr schwere Schaden zu. Doch in den 1920er-Jahren blühte eine zweite elegante Ära der Passagierschifffahrt auf. Es wurden wieder große Neubauten gewagt. Die Ölfeuerung ersetzte die Kohlefeuerung. Dadurch arbeiteten die Schiffsmaschinen effizienter und die Reisegeschwindigkeiten erhöhten sich. Statt der ärmlichen Zwischendecks richtete man eine Touristenklasse ein. Sie bot mehr Komfort und war dennoch erschwinglich.

Die »Normandie«

Vielen gilt die französische »Normandie« als schönstes Passagierschiff, das je gebaut wurde. Mit 313 Metern Länge war sie auch das größte. Sie überquerte mit knapp 30 Knoten (55 Stundenkilometern) den Atlantik. Die großzügige Einrichtung der »Normandie« erregte Aufsehen: Die Entlüftungsschächte der Schiffskessel wurden geteilt. Sie liefen an der Außenwand entlang und vereinigten sich erst oberhalb des riesigen Speisesaals zu den Schornsteinen. Dadurch entstand ein durchgängiger Saal. Von der Bühne des Theaters mit 380 Plätzen konnte man 170 Meter weit sehen. Das Schiff fasste Restaurants, Bars und ein Kino. Von den zwei Schwimmbädern befand sich eines mit Bar unter Deck, das andere unter freiem Himmel. Eine Sauna und einen Tennisplatz gab es auch. Eine Klinik samt Zahnarztpraxis versorgte Kranke. Ein Postamt mit Telefonzentrale und eine 80 Meter lange Ladenstraße: Die »Normandie« war eine schwimmende Stadt im Ozean.

Das Ende der Linien

Der Ausbruch des Zweiten Weltkrieges 1939 markierte das Ende der Ära der großen Luxusliner. Bis in die 1950er-Jahre beförderten mehrheitlich Schiffe Passagiere über den Atlantik. Danach überflügelten Luftlinien die Schiffslinien buchstäblich. Die 66 Stundenkilometer der »United States« waren neben den 482 Stundenkilometern des Verkehrsflugzeugs »Lockheed Super Constellation« einfach zu langsam.

Jubel und Staunen im Hafen

160 000 PS

U-Boot und Radar sind Waffen
im modernen Seekrieg.

Stählerne Riesen

Was braucht ein gutes Kriegsschiff? Wirkungsvolle Geschütze und einen widerstandsfähigen Panzer. Daran tüftelte man im 20. Jahrhundert: Zu den Seitenpanzern kamen Deckpanzer, die Schutz gegen Granaten boten, die in hohem Bogen angeflogen kamen. Zudem mussten Kriegsschiffe schnell sein. Diese Entwicklungszwänge führten zu den gewaltigen Schlachtschiffen des Zweiten Weltkrieges. U-Boot und Flugzeugträger trugen den Seekrieg schließlich in eine neue Dimension: in die Luft und in die Tiefe.

U-Boote: Angriff von unten

In beiden Weltkriegen setzte die deutsche Marine verstärkt Unterseeboote ein. Erst mit der Entwicklung des Radars (Radio Detection and Ranging, deutsch: Funkortung und -abstandsmessung) konnte man U-Boote aufspüren. U-Boote nutzen den Auftrieb zum Schwimmen und Abtauchen. Hohlräume (Tauchtanks) in ihrem Innern können mit Wasser gefüllt werden. Sind die leer, dann ist die Gewichtskraft des Bootes kleiner als die Auftriebskraft; das U-Boot bleibt an der Oberfläche. Zum Abtauchen werden die Tauchtanks mit Wasser vollgepumpt.

Schwimmende Flugplätze

Mithilfe von Flugzeugträgern kann eine Nation überall militärisch eingreifen, auch ohne Landstützpunkte im Kriegsgebiet. Die schwimmenden Flugplätze werden meist mit Strom aus Atomreaktoren versorgt. Diese treiben Dampfturbinen an, die ihrerseits mit den Antriebswellen und den Druckkatapulten für die Flugzeugstarts verbunden sind.

Landung mit Präzision: Die Jets kommen mit 250 Stundenkilometern nach nur 55 Metern zum Stehen.

Die Nummer eins im Frachtverkehr

Für den Passagiertransport sind Flugzeuge wegen ihrer Schnelligkeit bestens geeignet. Aber im Güterverkehr haben Schiffe die Nase vorn. Rund 98 Prozent des Warenaustauschs zwischen den Kontinenten finden heute auf Schiffen statt.

Was ist ein Stückgutfrachter?

Stückgüter haben keine Standardmaße. Sie werden in Kartons, Ballen, Kisten oder Säcken verpackt. Stückgut können auch Fahrzeuge, ganze Maschinen oder Schwergut sein. An Deck des Frachters steht ein eigenes Ladegeschirr (Kräne). Das Beladen erfordert große Sorgfalt und viel Wissen. Denn die Ladung muss seefest verteilt und festgemacht werden. Beim Beladen muss außerdem an die Reihenfolge der Entladung gedacht werden. Also nicht das ganz unten verstauen, was als Erstes gelöscht, also entladen werden soll!

Was transportiert ein Kühlschiff?

Die meisten frischen Lebensmittel werden auf Kühlschiffen verfrachtet. Diese Spezialfrachter sind rundum isoliert, denn in den Tropen ist das Wasser über 30 Grad Celsius warm. Meist sind sie weiß angestrichen, weil die weiße Farbe die Sonnenstrahlen zurückwirft. Der Rumpf ist in mehrere Laderäume eingeteilt und diese wiederum in Decks, die unterschiedlichen Kühlzonen entsprechen. Bananen, Trauben und Ananas brauchen Plusgrade, während Fleisch und Fisch tiefgekühlt werden. Über die Hälfte des Kühlguts wird in Kühlcontainern befördert, die eigene Kältesysteme haben und vollautomatisch arbeiten.

Der Seehafen von Oakland, Kalifornien, in der Bucht von San Francisco ist einer der größten US-Häfen. Der Tiefwasserhafen schlägt jährlich über zwei Millionen Container um, hauptsächlich aus China.

Angeberwissen

Wie viel Fracht lässt sich mit 1 PS transportieren?

▶ In der Luft: **10 kg**

▶ Mit der Bahn: **500 kg**

▶ Mit dem Schiff: **4 000 kg**

Öltanker: gefährliche Fracht

Die Erfindung des Explosionsmotors für Automobile, der Ölfeuerung von Dampfkesseln und der Petroleumlampe steigerte den Bedarf an Erdöl enorm. Allmählich verdrängte das Erdöl die Kohle. Aber es war sehr umständlich, Öl in Fässern und Kanistern nach Europa zu bringen. Das erste Tankschiff war noch ein umgebauter Segler. Je mehr der Bedarf an Erdöl stieg, desto größere Tanker wurden gebaut. Erst die Ölkrise 1973 unterbrach vorübergehend den Trend zu immer größeren Tankern. Man erkennt Tanker daran, dass alle Aufbauten hinten liegen. Die Giganten fahren mit rund 15 Knoten eher gemächlich und brauchen nur wenig Personal. Bei einer Notbremsung hat ein Mammuttanker einen Bremsweg von bis zu neun Kilometern.

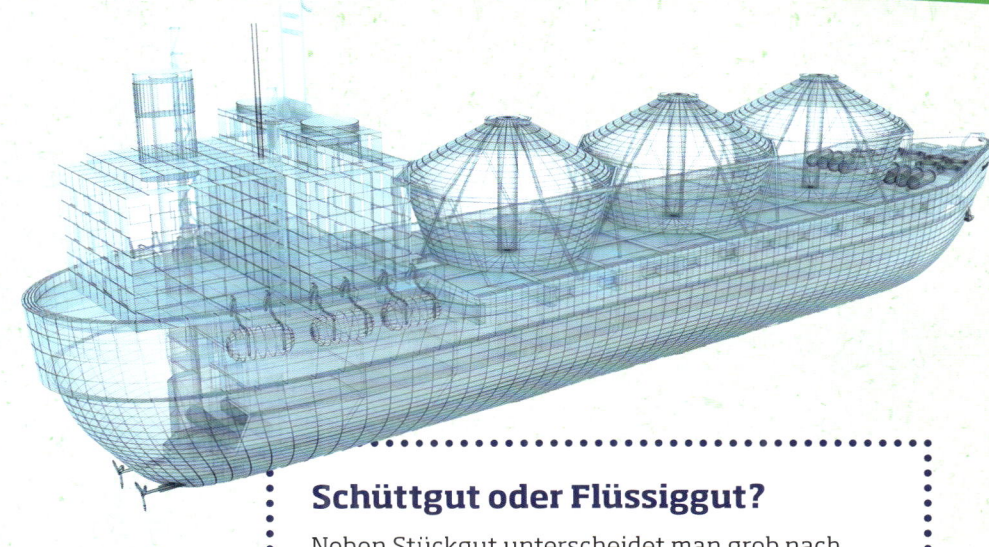

Außer den Tanks gibt es noch weitere wichtige Einrichtungen: der Manifoldkran hebt die Schläuche zum Abpumpen an Bord. Tankheizungen halten Fette und Teerprodukte flüssig, die erstarrt nicht mehr abgepumpt werden könnten.

Schüttgut oder Flüssiggut?

Neben Stückgut unterscheidet man grob nach Schüttgut und Flüssiggut. Schüttgüter sind alle körnigen Gemenge, die man schütten kann, wie Sand, Kohle, Salz oder Getreide. Sie werden im Hafen in Silos gelagert. Flüssiggut heißt Fracht, die in Tankschiffen (Bild oben) transportiert wird. Das wichtigste Flüssiggut ist mit Abstand Rohöl.

Öl zu transportieren, ist nicht ganz ungefährlich. Wegen der riesigen Lademengen verursachten Tankerunfälle schon große Umweltschäden. Ab 2015 müssen alle Erdöltanker daher mit einer Doppelhülle ausgestattet sein. Es gibt auch Tanker, die Lebensmittel befördern wie Saft oder Wein.

Tanks mit –160° C kaltem Flüssiggas

Chemie- und Gastanker

Noch gefährlicher als Rohöl sind die vielen giftigen und ätzenden Flüssigkeiten, die die chemische Industrie herstellt oder benötigt. Der Bau spezieller Chemikalientanker unterliegt deshalb besonderen Vorschriften. Unter hohem Druck oder extremer Abkühlung wird Gas flüssig und das Volumen schrumpft. So wird Gas auf Schiffen beförderbar. Die stählernen Gastanks sind meist kugelförmig oder zylindrisch.

458,45
Meter lang
war die »Jahre Viking« – das längste Schiff der Welt.

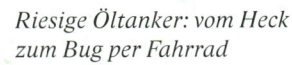

Riesige Öltanker: vom Heck zum Bug per Fahrrad

Fischfang bis zum letzten Fisch?

Auf kleineren Fischkuttern wird viel in Handarbeit gemacht. Sie haben es schwer gegen Fangfabriken.

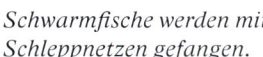

Schwarmfische werden mit Schleppnetzen gefangen.

Fisch ist eine uralte Nahrungsquelle – und vielleicht sogar einer der Gründe, warum Menschen überhaupt anfingen, Boote zu bauen. Auf Flüssen und vor den Küsten schippern seit Jahrtausenden Fischerboote.

Schwimmende Fischfabriken

Leider rottete der industrielle Fischfang im 20. Jahrhundert innerhalb weniger Jahrzehnte viele Fischarten beinahe aus. Moderne Technik steigerte die Fangmengen durch immer größere, präzisere Fanggeräte und Fischlupen (Echolote) zum Aufspüren von Fischschwärmen. 140 Millionen Tonnen Fisch wurden im Spitzenjahr 2003 weltweit gefangen. Dazu fahren Fangfabrikschiffe auf die hohe See hinaus. Ist das Schleppnetz gefüllt, holen Motorwinden das Netz über eine Heckaufschleppe ein. Es gibt aber auch Seitenfänger. Der Fang wird von der Filetiermaschine an Bord direkt geschlachtet und zerlegt, die Filets werden sofort verpackt und tiefgefroren. Die Abfälle werden zu Futtermitteln und Fischöl verarbeitet. Ein Fangfabrikschiff kann zwei bis vier Monate lang auf See bleiben, bis seine Lager voll sind.

Walfangschiffe

Wale – die Meeressäugetiere sind die größten Lebewesen der Erde. Dass sie zum Atmen auftauchen müssen, wurde zu allen Zeiten für die Jagd ausgenutzt. Mit Mutterschiff, Fangbooten und Harpunen stellte man den Walen auf grausame Art nach. Im Jahr 1986 hat die Internationale Walfangkommission den Walfang geächtet. Trotzdem gibt es bis heute einige Länder, die die Waljagd nicht aufgegeben haben, weil sie tief in ihrer Kultur verwurzelt ist. Sie müssen genaue Fangquoten einhalten. Leider halten sich nicht alle Länder daran. Gegner fordern daher, dass der Walfang vollständig verboten wird.

Sollen wir noch Fisch essen?

Man sollte nur Fische essen, die aus nachhaltigem Wildfang oder biologischer Aquakultur stammen und nicht auf der Roten Liste gefährdeter Arten stehen. Einige Tiefseefische brauchen bis zu 200 Jahre, um auszuwachsen. Sie pflanzen sich erst im Alter von etwa 50 Jahren fort. Tiefseefische gehören nicht auf den Teller.

Walfangschiffe haben eine Geschützplattform am Bug.

Binnenschiffe – Zuhause auf dem Fluss

Deutschland wird von 7 300 Kilometern Wasserstraße durchzogen wie von einem Adernetz. Auf Rhein, Main und Donau kann man vom Hochseehafen Rotterdam bis ans Schwarze Meer fahren.

Schiffe auf deutschen Flüssen

Binnenschiffe besorgen auf den Wasserstraßen ein Zehntel aller Gütertransporte in Deutschland: ganz ohne Stau, leise und mit wenig Abgasen. Ein Gütermotorschiff kann so viel Ladung aufnehmen wie rund 100 Lkw, ist aber langsamer. Im Schnitt bewegen sich Binnenschiffe mit zehn bis zwölf Stundenkilometern flussaufwärts, also gegen die Strömung, und mit 16 Stundenkilometern flussabwärts, also mit der Strömung. Neben den Fahrgastschiffen, die Tagesausflüge zu sehenswerten Orten anbieten, trifft man vor allem Frachtschiffe an. Sie transportieren Holz, Erdöl und Chemieprodukte, Kohle und Erze, Getreide, Baustoffe und Pkw durch Deutschland.

Leben an Bord

Während auf Hochseeschiffen die längste Zeit nur Männer tätig waren, war die Binnenschifffahrt schon seit etwa 1850 häufig ein Familienunternehmen. Die Ehefrauen der Schiffer arbeiteten wie Matrosen und führten dazu noch den Haushalt an Bord.

In vielen Binnenschiffen sind Wohnungen eingerichtet. Dort wachsen die Kinder auf, bis sie ins Schulalter kommen. Dann müssen sie in Internate an Land gehen und können nur die Wochenenden bei ihren Eltern an Bord verbringen. Dort ist es aber so spannend wie kaum irgendwo sonst.

Links: Fähre auf der Elbe, oben: Schleusen gleichen unterschiedliche Wasserstände auf Kanälen und Flüssen aus.

Schubboot

Unglaublich!

Beim Schubverband schiebt ein Schubboot mit einem starken Motor angekoppelte Schiffe vor sich her, die selbst keinen eigenen Antrieb besitzen. Diese heißen Leichter und sind echte Ladungsriesen. Neben Schüttgut befördern sie oft auch Schwergut wie Teile von großen Anlagen oder Turbinen.

Entdecke den Hafen

Freilager

Lagerhallen

Ein Lotse klettert über die Jakobsleiter an Bord.

In einem Universalhafen können alle Arten von Gütern umgeschlagen werden. Es gibt Containerbrücken, um Container zu verladen. Saugluftanlagen fördern wie ein Staubsauger Schüttgüter von Schiffen in Silos. Hafenkräne bewegen bis zu 650 Tonnen schwere Einzelteile. Pipelines fördern Rohöl direkt von Mammuttankern in Raffinerien. In Kühlhäusern wird verderbliche Ware frisch gehalten. Lagerhäuser stehen für Stückgüter zur Verfügung, und es gibt große Stellflächen für Automobile, die ein- oder ausgeführt werden. Mehr noch ist ein Hafen die Drehscheibe für den Verkehr zwischen Wasser und Land, Schiffen, Eisenbahn und Lkw. Klar, dass ein Hafen viel Energie benötigt und große Mengen an Abfällen erzeugt. Deshalb ergreifen viele Häfen Maßnahmen, die unter dem Begriff Grüner Hafen (»Green Port«) zusammengefasst werden. Schwefelhaltiger Schiffsdiesel soll zunehmend durch Flüssiggas ersetzt werden. Solaranlagen auf den Hafengebäuden erzeugen Ökostrom. Das Waschwasser auf den Docks wird aufgefangen und gereinigt. Schlick, der aus den Hafenbecken ausgebaggert wird, wird gesäubert und weiterverwendet. Das ist erst der Anfang, doch die bremischen Häfen sind bereits in vielen Punkten Vorbild für den Grünen Hafen der Zukunft.

➡ Rekord

5 300 PS

stark ist der Antrieb eines modernen, kleinen Hafenschleppers.

Lotse

Schlepper

Unglaublich!

Große Silogebäude sind bis zu 80 Meter hoch. Schüttgüter wie Getreide und Dünger werden darin in großen Mengen gelagert. Besonders praktisch sind die Silo-Container: Man kann sie aufstellen – oder auf dem Lkw liegend transportieren.

Containerbrücke

Ladedeck

Eisenbahn Terminal

Lkw-Terminal

Container
Neun Container können übereinander gestapelt werden.

Beladung
Jeder Container hat einen vorgegebenen Platz. Die richtige Reihenfolge der Beladung ist wichtig.

Zollboot

Schwergut

Hafenkräne verladen große und schwere Bauteile. Solche Projektladungen werden sorgfältig geplant. Fässer oder Holz sind Stückgut.

Kühlcontainer
Grüne Bananen kommen bei genau 14,4 Grad Celsius in 21 Tagen über den Ozean.

Container auf allen Ozeanen

Rund 98 Prozent der Handelsgüter weltweit werden auf Schiffen verfrachtet. Die Massen an Waren, die in Ostasien hergestellt werden, müssen in die ganze Welt weiterverschifft werden. Deshalb werden die meisten Container in China umgeschlagen, wie die Karte zeigt.

Megacarrier und Tiefseehäfen

Die neueste Generation von Containerschiffen, die Megacarrier, fassen 16 000 Container. Carrier bedeutet Frachter. 16 000 Container entsprechen der Ladung von 5 700 Schwerlastwagen. Solche Riesenschiffe brauchen eine Wassertiefe von 17 Metern; sonst drohen sie voll beladen auf Grund zu laufen. Ein Megacarrier wie die »Alexander von Humboldt«, die am 30. Mai 2013 in Hamburg getauft wurde, ist fast 400 Meter lang. In Korea wurde sogar ein Schiff für 18 000 Container getauft. Schiffe dieser Größe finden nur in wenigen Häfen Platz. Im September 2012 hat der JadeWeserPort in Wilhelmshaven den Betrieb aufgenommen. Das viereckige Hafengebiet wurde auf das Wasser hinaus gebaut, wo es 18 Meter tief ist. Auch die größten Containerschiffe können hier anlegen, ohne sich nach Ebbe und Flut richten zu müssen. Die angelieferten Güter werden rasch auf der Autobahn und mit der Eisenbahn weitertransportiert oder direkt weiterverarbeitet.

TEU steht für Twenty-foot Equivalent Unit, 20 Fuß entsprechende Einheit.

Nahtlos geht die Reise der Stahlbehälter auf Gleisen weiter.

Was ist ein Container?

Container ist das englische Wort für Behälter. Die Idee für einen Frachtbehälter, der gleichermaßen auf ein Schiff, einen Güterzugwaggon oder einen Lkw-Träger passt, stammt aus den USA. Die ersten Blechkisten gingen 1956 in einem umgebauten Tanker auf die Reise. Der Erfinder und Spediteur Malcom McLean sagte damals: »Ich habe keine Schiffe, ich habe seegängige Lkw.« Sind die Container vom Schiff an Land gehoben, muss der Inhalt nicht im Hafen ausgepackt und dort abgeholt werden. Der ganze Container wird bis zum Kunden gefahren und erst dort entladen. In den Stahlboxen lässt sich fast alles verstauen: vom Turnschuh bis zum LCD-Bildschirm. Die Maße der Container sind genormt. In Amerika wird in Zoll, Fuß und Yard gemessen, nicht in Metern; deshalb erscheinen die Zahlen etwas krumm: Am häufigsten sind 20 Fuß oder 40 Fuß lange Container. Das entspricht 6,1 Metern beziehungsweise 12,19 Metern. Die Breite beträgt einheitlich acht Fuß (2,44 Meter), die Höhe achteinhalb Fuß (2,59 Meter).

Ein Brückenkran hebt in nur drei Minuten einen Container vom Schiff.

1. Shanghai
Die Megahafenstadt liegt an der Ostküste Chinas. In den zehn Hafenanlagen des Tiefwasserhafens können bis zu 50 Containerschiffe gleichzeitig festmachen.

2. Singapur
Der zweitgrößte Hafen der Welt liegt günstig am Seeweg von China und Japan nach Europa.

3. Hongkong
Ein bedeutender Seehafen mit langer Tradition für die Ausfuhr von Industrieprodukten, zu Deutsch: »Duftender Hafen«.

4. Shenzhen
Zweitgrößter Hafen Chinas im Süden des Landes. Im größten Containerterminal können zeitgleich elf Schiffe abgefertigt werden.

5. Busan
Hafen an der Südostküste von Südkorea am Japanischen Meer, der seit 2003 auf Platz fünf der Weltrangliste steht.

6. Ningbo-Zhoushan
Zusammenschluss der beiden Häfen Ningbo und Zhoushan an der Ostküste Chinas. Hier werden viele Massengüter, flüssige Chemikalien und Kohle umgeschlagen.

7. Guangzhou
Auch Kanton genannt. Dieser Hafen liegt in Südchina am Perlfluss. Ein sehr wichtiger Industrie- und Handelsplatz neben Shanghai.

8. Qingdao
Man plant hier den größte Hafen der Welt – mit über 30 Millionen Containern im Jahr.

Nr. 15
8,66 Mio.
Antwerpen

Nr. 10
11,88 Mio.
Rotterdam

Nr. 11
11,59 Mio.
Tianjin

Nr. 8
13,02 Mio.
Qingdao

Nr. 1
31,74 Mio.
Shanghai

Nr. 14
9,04 Mio.
Hamburg

Nr. 4
22,57 Mio.
Shenzhen

Nr. 5
16,17 Mio.
Busan

Nr. 9
11,88 Mio.
Dschabal Ali

Nr. 6
14,72 Mio.
Ningbo-Zhoushan

Nr. 12
9,64 Mio.
Kaohsiung

Nr. 7
14,26 Mio.
Guangzhou

Nr. 13
9,6 Mio.
Port Klang

Nr. 3
24,38 Mio.
Hongkong

Nr. 2
29,94 Mio.
Singapur

9. Dschabal Ali
Der größte künstlich geschaffene Tiefseehafen der Welt, bei Dubai.

10. Rotterdam
Der größte Hafen Europas liegt in den Niederlanden.

11. Tianjin
Wichtiger Hafen am Fluss Hai He, der nach Peking fließt.

12. Kaohsiung
Größter Hafen der Insel Taiwan am Südchinesischen Meer.

13. Port Klang
Der bedeutendste Hafen in Malaysia – an der Straße von Malakka.

14. Hamburg
98 000 Seeschiffe kamen 2012 im größten deutschen Hafen an.

15. Antwerpen
Der größte Hafen Belgiens punktet durch fünf nahe gelegene europäische Hauptstädte: Brüssel, Den Haag, Luxemburg, Paris und London.

»Wind Lift I«: 72 Meter lange Hubbeine

Comeback für den Wind

Wind – der unsichtbare Beweger – ist eine umweltfreundliche Energiequelle für unsere Zukunft. Um ihn für die Energiewende nutzen zu können, werden riesige Windparks gebaut.

Mit Windkraft in die Zukunft

Tausende von Windrädern werden zurzeit in der Nordsee errichtet. Denn auf dem Meer ist der Wind besonders stark – und bringt viel Energie. Das Vorhaben ist aufwendig und kompliziert. In den nächsten Jahren müssen unzählige, zum Teil Hunderte Tonnen schwere Bauteile auf See befördert werden. Diese knifflige Aufgabe übernehmen Errichterschiffe. Viele von ihnen starten vom Offshoreterminal Bremerhaven aus, das speziell für den Ausbau der Windparks angelegt wurde. »Offshore« bedeutet »vor der Küste« und »Terminal« bedeutet »Verladestation«. Hier startet die Reise über die Nordsee.

Windpark auf dem Meer

Viele Tausend Haushalte könnten mit Windstrom versorgt werden. Dazu bedarf es großer Umspann-stationen, die Wechselstrom in Gleichstrom umwandeln. Ein Problem, das noch gelöst werden muss.

Was ist ein Errichterschiff?

Errichterschiffe sind Arbeitsschiffe mit Schwerlastkran. Mit ihren starken Motoren- und Propelleranlagen stellen sie die Funda-mente der Windräder auf. Ein Errichterschiff hat je nach Typ vier bis sechs Beine. Während der Fahrt sind die Beine hoch-geklappt. An der Zielposition werden sie langsam abgesenkt. Steht das Schiff auf dem Meeresboden, dann wird es aus dem Wasser gehoben. Durch das eigene Gewicht ist es fest verankert: Man kann auf einer stabilen Arbeitsplattform unabhängig vom Seegang arbeiten. Die gewaltigen Schiffe verankern die Metallgerüste der Windräder in rund 25 Metern Wassertiefe am Boden. Das dauert zehn Tage – aber nur wenn das Wetter und die See ruhig bleiben. In einem Aufbau befinden sich die Mannschafts-unterkünfte. Ein Helikopterdeck ermöglicht Nottransporte und fliegende Mannschafts-wechsel. Die neueste Generation von Errichterschiffen muss ihre Ladung nicht mehr vom Terminal aus mitnehmen. Sie funktionieren wie ein Ladedock: Einmal im Meer aufgestellt, werden sie von Zubringer-schiffen mit Bauteilen versorgt.

Arbeiter mit einem Bauteil eines Offshorewindrads

Eine von vielen Baustellen auf hoher See

Rundsicht-radar

Nachtfahrt zum Hafen. Wo tun sich Hindernisse und Gefahren auf?

Ein Blick in die Kommandobrücke

Eine Kommandobrücke ähnelt mit ihren zahlreichen Computern einem Rechenzentrum. Die Navigation ist heute hoch automatisiert. Eine Person könnte zwar alleine ein Schiff steuern, aber die Sichtnavigation, also mit dem Fernglas aus dem Fenster zu schauen, ist immer noch wichtig. Denn es gibt Hindernisse, die das Radar nicht erkennen kann.

Pflichten der nautischen Offiziere

Die nautischen Offiziere halten auf der Brücke Wache in meist vier bis sechs Schichten pro Tag. Die Wache ist für den gesamten Schiffsbetrieb zuständig: für die Navigation, die Sicherheit, die Ladung, die Ruder und für den Ausguck. Sie warnt die Besatzung vor Gefahren, hört den Seefunk ab und achtet auf Warnsignale von anderen Schiffen. Die Wache muss sofort den Kapitän verständigen, wenn es zu Piraterie, Beschuss, Feueralarm, Sinken, Meuterei oder Notrufen kommt.

Im Fahrstand eines Steuerhauses findet man heute moderne Hightechgeräte und präzise Messinstrumente, die bei der Navigation helfen. Das kleine und handliche Steuerrad kontrolliert die Ruderanlage elektrisch. Mit dem Rundsichtradar überwacht man den Schiffsverkehr. Über GPS (**G**lobal **P**ositioning **S**ystem) wird die Position des Schiffes ermittelt – und in Echtzeit in eine elektronische Seekarte eingetragen. Man kann so immer auf der Karte am Bildschirm verfolgen, welchen Kurs das Schiff gerade fährt. Solche elektronischen Seekarten stellt das ECDIS-System (**E**lectronic **C**hart **D**isplay and **I**nformation **S**ystem) zur Verfügung. Aber nicht alles auf der Brücke machen Automaten: Die Offiziere tragen auf Papierseekarten mit Zirkel und Stift die Positionen ein, die GPS, Radar und Sichtpeilungen ermitteln.

Hart backbord!

Das Steuerrad lenkt das Ruder am Heck. Alte Schiffssteuerräder waren ziemlich groß. Heute wird die Selbststeueranlage, die auch das Ruder führt, mit dem gewünschten Kurs programmiert. Der Kurs wird laufend mit dem Kompass verglichen.

Im Ostseeraum verkehren viele Eisenbahnfähren, die man auch Trajektschiffe nennt.

RoRo-Schiffe und Fähren

S chiffe transportieren auch Landfahrzeuge. Ob Lkw, Pkw oder Eisenbahnzug – alles ist möglich. Das Praktische daran ist, dass sie einfach auf die Schiffe fahren können – vorausgesetzt das Schiff bietet geeignete Zufahrten.

Was ist ein RoRo-Schiff?

RoRo ist die Abkürzung für Roll-on/Roll-off. RoRo-Schiffe ersparen dem Lkw-Verkehr das umständliche Entladen am Starthafen und das Umladen vom Schiff auf einen anderen Lkw am Zielhafen. Stattdessen fährt der Laster oder Pkw über eine Rampe, die meist schräg am Heck angebracht ist, an Bord. Im Rumpf sind befahrbare und verstellbare Decks eingebaut, damit der Laderaum bei jeder Fahrt optimal ausgenutzt werden kann. RoRo-Schiffe übernehmen den Großteil des Lkw-Verkehrs zwischen Skandinavien und Westeuropa. Zielhäfen in Deutschland sind Lübeck, Rostock und Kiel. Der zunehmende Straßenverkehr machte RoRo-Fähren nötig. Sowohl Lkws, die Waren transportieren, als auch Touristen nutzen RoRo-Fähren. Die Passagiere können auf längeren Fährrouten in Schlafsesseln übernachten oder eine Kabine buchen.

Schiffe für einen ganzen Zug

Eisenbahnfähren überbrücken Gewässer, das heißt, sie ersetzen eine Brücke, wo keine gebaut werden kann. Meist können an beiden Enden der Fähre, Heck und Bug, Eisenbahnwaggons samt Lok auf Gleisen ein- und ausfahren. Es gibt auch Fähren, die aus Sicherheitsgründen nur eine Heckklappe besitzen, da sie in rauen Gewässern unterwegs sind. Weil Eisenbahnfähren mit höchster Genauigkeit im Fährbett einlaufen müssen, wird von einer zusätzlichen Heckbrücke aus das Anlegen überwacht. Moderne Zwei- und Dreideckfähren haben oft fünf Gleise.

➡ **Rekord**

6 000

Pkw finden auf dem weltweit größten RoRo-Autotransporter, der »Tønsberg«, Platz.

Wetterdeck einer RoRo-Fähre. Bei Sonnenschein: durch die Bugklappe einfahren – und in die Ferne schauen.

Die schnellen Flitzer

Ein Speedboot kann bis zu 300 Stundenkilometer erreichen.

Abheben und davonsausen: Einige Wasserfahrzeuge bewegen sich mehr über dem Wasser als im Wasser. Container transportieren sie nicht, aber eine Menge Menschen und etwas Nervenkitzel.

Wie verhalten sich Schiffsrümpfe?

Wasserfahrzeuge unterscheidet man auch nach ihrem Verhalten im Wasser. Es gibt sogenannte Verdränger und Gleiter. Bei den langsameren, größeren Verdrängern drückt der Rumpf so viel Wasser weg, wie es seiner Masse entspricht. Er liegt tief im Wasser und wirft mit steigender Geschwindigkeit eine Bugwelle auf, die den Wasserwiderstand erhöht. Mehr Widerstand bedeutet einen höheren Treibstoffverbrauch. In den 1960er-Jahren entwickelte man daher den Wulstbug, der die Bugwelle verringert und somit Treibstoff und Geld einspart. Ganz anders funktionieren die schnelleren und kleineren Gleiter: Ihr Rumpf ist so konstruiert, dass er sich bei schnellem Antrieb aus dem Wasser hebt. Ist der Wasserwiderstand durch die Bugwelle vermindert, beginnt die Gleitfahrt. Luftkissenfahrzeuge sind keine Gleiter, da sie während der Fahrt auf einem Druckluftkissen schweben, das die Wasseroberfläche nicht berührt.

Tragflügelboote

Bei Tragflügelbooten sind unter dem Rumpf Tragflügel angebracht. Bei langsamer Fahrt schwimmen die Boote ganz normal im Wasser. Sobald sich der Rumpf mit zunehmender Geschwindigkeit aus dem Wasser hebt, wird er von den Tragflügeln über Wasser gehalten. Tragflügelboote erreichen Geschwindigkeiten von über 120 Stundenkilometern.

Was ist ein Hovercraft?

Luftkissenfahrzeuge, englisch: Hovercrafts, sind mehr Schwebefahrzeuge als Schiffe. Sie können sich auf dem Land und auf dem Wasser bewegen. Das erste Hovercraft überquerte 1959 den Ärmelkanal zwischen England und Frankreich. Beim Hovercraft leiten zwei Propeller einen Luftstrom auf die Turbinen im Rumpf. Die Luft wird durch ein Gebläse zu einer großen Gummischürze weitergepresst, die rund um den Fahrzeugboden verläuft. Das Luftkissen, das sich nun unter dem Fahrzeugboden bildet, hebt den Rumpf leicht vom Untergrund ab. Der Widerstand ist damit vermindert und das Fahrzeug kann Geschwindigkeiten um die 180 Stundenkilometer erreichen.

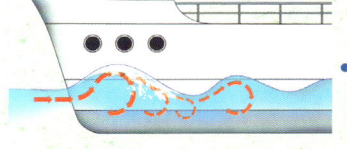

Verdränger
Große Schiffe, deren Rumpf zum Teil unter Wasser liegt, fahren gegen den Wellenberg an, den ihr eigener Bug erzeugt. Dabei verwirbelt das Wasser. Die Fahrt wird gebremst.

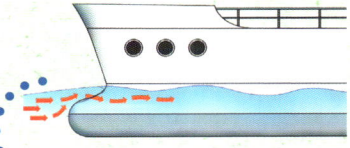

Wulstbug
Schneller und sparsamer: Die tropfenförmige Bugwulst lenkt das Wasser strömungsgünstig um den Schiffsrumpf. Es wirft sich keine Bugwelle auf.

Propeller
erzeugen einen konstanten Luftstrom, der im Rumpf auf die Turbinen trifft.

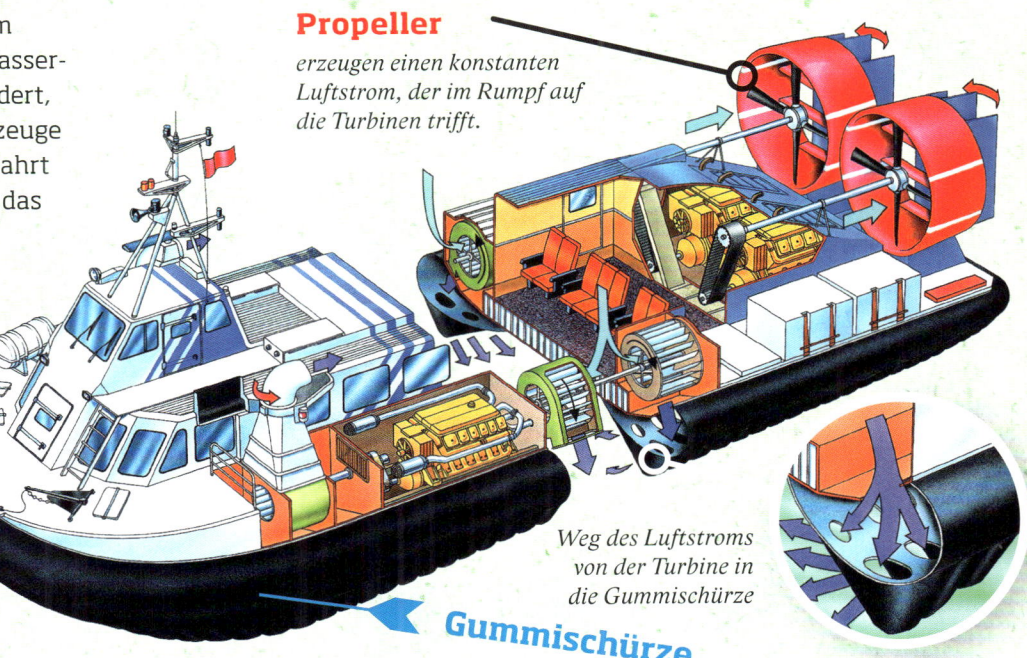

Weg des Luftstroms von der Turbine in die Gummischürze

Gummischürze

Auf großer Fahrt

»Oasis of the Seas«
362 Meter lang, 5 400 Passagiere,
16 Passagierdecks

»Norwegian Epic«
329 Meter lang, 4 100 Passagiere,
14 Passagierdecks

Wer sich zwischen 1900 und 1990 eine Kreuzfahrt leisten konnte, war kein Normalverdiener. Heute bieten Reedereien Kreuzfahrten für jeden Geschmack und Geldbeutel an. Die Kreuzfahrtschiffe wachsen dadurch zu Kolossen der Meere mit neun und mehr Decks.

Zodiac
Festrumpfschlauchboot für Ausflüge

Kids Club
Unterhaltung und Spaß für die jüngeren Kreuzfahrtgäste

Pooldeck
mit Hauptpool des Schiffes auf Deck 9 – man kann den Pool abdecken und als Bühne nutzen

Restaurant
Eines von acht Restaurants an Bord, die unter anderem französische, italienische und japanische Küche bieten.

Boutique
Krawatte vergessen? Das passende Abendkleid fehlt? Hier kann man nachkaufen, was zu Hause im Kleiderschrank liegen geblieben ist.

Atrium
Von vielen Seiten zugänglicher Treffpunkt für alle Schiffspassagiere

»Freedom of the Seas«
339 Meter lang, 3 634 Passagiere,
15 Passagierdecks

»Queen Mary II«
345 Meter lang, 2 620 Passagiere,
13 Passagierdecks

»MSC Fantasia«
333 Meter lang, 3 959 Passagiere,
13 Passagierdecks

Unglaublich!

Der Boardwalk auf dem größten Kreuzfahrtschiff der Welt, der »Oasis of the Seas«, endet am Schiffsheck mit einem großen Aqua-Theater mit 735 Plätzen. 235 der 2 704 Kabinen öffnen sich auf sechs Decks zum Boardwalk hin.

Die ersten Kreuzfahrten

In den Jahren der großen Passagierlinien wollten weniger Menschen im Winter über den Atlantik nach Nordamerika reisen. Die Erfindung der Vergnügungsreise auf See sollte ursprünglich diese verlustreichen Wintermonate überbrücken. 1891 hatte der Hamburger Reeder Albert Ballin die Idee, mit dem Luxusschiff »Auguste Victoria« zwei Monate lang zwischen schönen Häfen im Mittelmeer zu kreuzen. Das Rezept ist seitdem das gleiche geblieben, aber jeder Veranstalter gibt ihm seine eigene Note.

Welche Arten von Kreuzfahrten gibt es heute?

Es gibt Expeditions- und Studienkreuzfahrten, Fun-Cruises (Vergnügungstouren) auf Partyschiffen, Kreuzfahrten auf Großseglern, Billigkreuzfahrten, Tauchsafaris und zwei- bis fünftägige Minikreuzfahrten. Bei Themenkreuzfahrten richtet sich die Route zum Beispiel nach dem Thema »Essen«: Es werden Orte mit besonders guten Restaurants angelaufen.

Kommandobrücke
Arbeitsplatz des nautischen Offiziers; Seewache in vierstündigen Schichten

Theatersaal
Showbühne und Konzertsaal, links daneben der Jazzclub

Am 10. Mai 2013 getauft: die »Europa 2«

Auf Expedition mit der »Polarstern«

Wenn die »Polarstern« Eis bricht, dann muss in den Laboren alles festgebunden werden. Denn nichts bleibt an seinem Platz stehen, wenn das Schiff beginnt, mehr als 1,5 Meter dicke Eisschollen zu brechen. Meeresbiologin Ingrid Kolar von der Universität Wien hat uns von einer Forschungsreise auf dem legendären Forschungsschiff erzählt. Ingrid hat drei Forschungsschiffe kennengelernt und war viermal mit der »Polarstern« auf Expedition. Die »Polarstern« des Alfred-Wegener-Instituts (AWI) war das beste Schiff.

Name: Ingrid Kolar
Alter: 48 Jahre
Hobbys: Reisen, Westernreiten

Welche Route nahm eure Forschungsreise? Wann fand sie statt?

Am 25. Juni 2002 um 10.30 Uhr haben wir in Bremerhaven abgelegt. Die Fahrt führte über die Hebriden bei Schottland, weiter Richtung Island und durch die Framstraße zwischen der Ostküste von Grönland und Spitzbergen. Dort haben wir das 5670 Meter tiefe Molloytief passiert. Im Meer vor Spitzbergen befindet sich der »Hausgarten« des AWI. Ein weiteres Ziel war ein sogenannter Schlammvulkan. Das ist eigentlich gar kein Vulkan, sondern eine Sickerquelle, aus der für uns giftiges Methangas austritt. Bestimmte Bakterien fühlen sich dort aber sehr wohl. Auf der Fahrt zur ersten Station haben wir die Labore eingerichtet. Eine Station ist die Stelle, an der Wissenschaftler Proben nehmen. Man muss alle Arbeitsmittel dabeihaben, wie Mikroskope, Pipetten, Röhrchen und Chemikalien, denn unterwegs kann man nichts nachkaufen.

Auf der Laborbank: festgebundenes
Wasserbad, in dem Proben gekühlt
werden. Das Wasser steht schräg in der
Wanne, weil das Schiff schräg liegt.

Wie war das Leben an Bord?

Wir wohnten jeweils zu zweit in einer Kabine. Es fahren sogar Stewards mit, die die Kabinen putzen. Der Zimmerservice ist Luxus. Es dauert, bis man auf dem Schiff seine Wege findet. Beim ersten Mal habe ich mich ständig verlaufen. An Bord begegnet man sich höflich und es wird gegrüßt. Die »Polarstern« ist ein offenes Schiff, das heißt, alle Türen stehen offen und man darf überall hingehen – außer in die Küche und in den Maschinenraum. Wenn man die Maschine besichtigen will, führen einen der erste oder der zweite Maschinist durch den Schiffsbauch. Die »Polarstern« hat außerdem das nördlichste deutsche Postamt. Sie besitzt eine Wetterstation, eine Krankenstation und sogar einen Operationssaal.

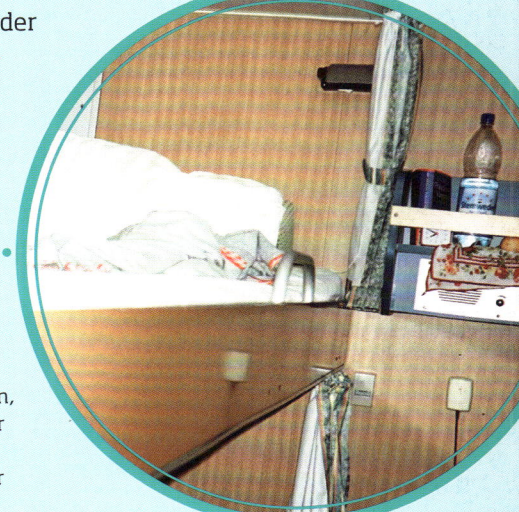

Was habt ihr in der Arktis erforscht?

Hauptziel der Arbeitsgruppe war es, eine Karte der Lebewesen in und auf dem Tiefseeboden zu erstellen. Eine Art Bevölkerungszählung. Denn wir wissen so gut wie nichts über den größten Lebensraum unseres Planeten. Wir haben Schlammproben genommen und die Lebewesen herausgesiebt – darunter auch ganz neue Arten.

Aufwachen!

Wenn Proben an Bord kommen, sind die Forscher an Deck. Wer nicht pünktlich ist, wird ausgerufen. Dann weiß jeder, wer verschlafen hat.

Was habt ihr außerhalb des Forschungsprogramms gesehen?

Das ganze Schiff ist ein Abenteuer. Wir haben Eisbären, Wale, Eissturmvögel, Albatrosse, Robben, Walrösser und die kleinen Polardorsche gesehen. Die Arktis ist wunderschön. Es gab auch kleinere Eisberge. Sie werden meistens nicht so groß wie die in der Antarktis. Wir waren auch im Packeis. Wenn die »Polarstern« im Eis liegt, kann man über eine Rampe hinuntergehen. Sonst fliegt man mit dem Helikopter. Man geht aufs Eis, um Proben zu nehmen. Der Pilot hält dann Eisbärenwache. Alle, die mit dem Helikopter aufs Eis gehen, tragen Überlebensanzüge. Wir Menschen sind nicht für die Arktis gemacht.

Und wenn es doch mal Freizeit gab?

Dann konnten wir Sport treiben. An Bord gibt es einen Swimmingpool, einen Fitnessraum, Pingpong, Sauna und Solarium. Oder man kann lesen, denn eine Bibliothek ist auch vorhanden. Beim Eisbrechen versteht man in der Sauna übrigens sein eigenes Wort nicht mehr, weil sie hinter dem stählernen Rumpf liegt.

Ein junger Eisbär nähert
sich dem Schiff.

Eisberg

Glossar

Achtern: Hinten auf dem Schiff.

Backbord: Die linke Seite eines Schiffes, wenn man in Fahrtrichtung blickt.

Bireme: Römisches Kriegsschiff mit zwei Reihen von Ruderern.

Brücke: Kommandozentrale des Schiffes. Von hier aus steuert der Kapitän das Schiff.

Bug: Vorderer Teil des Schiffes.

Chronometer: Sehr genaue Uhr auf einem Schiff.

Containerschiff: Ein Frachtschiff. Die Frachtbehälter in genormten Größen heißen Container.

Dau: Segelschiff der orientalischen Seefahrer.

Deck: So heißt das »Stockwerk« eines Schiffes.

Dock: Mit einem Dock kann man Schiffe aus dem Wasser heben, zum Beispiel um sie zu reparieren.

Einbaum: Sehr früher Schiffsbau: Man höhlte einen Baum von innen aus und verwendete ihn als Boot.

Entern: Erobern eines feindlichen Schiffes.

Flotte: Ein größerer Schiffsverband bildet eine Flotte.

Fracht: Die Ladung eines Schiffes.

Fregatte: Schnelles Kriegsschiff im 18. Jahrhundert.

Galeone: Oft prächtig verziertes Kriegs- und Transportschiff des 18. Jahrhunderts.

Hanse: Kaufmanns- und Städtebund des deutschen Mittelalters.

Heck: Hinterer Teil des Schiffes.

Hovercraft: Luftkissenfahrzeug, das auf dem Wasser »schwebt«.

Karacke: Großer Segelschiffstyp im Mittelmeerraum. Die »Santa Maria« des Entdeckers Christoph Kolumbus war eine Karacke.

Karavelle: Etwas kleiner als die Karacke, war dieser Segelschifftyp im Mittelmeerraum im 14. und 15. Jahrhundert weit verbreitet.

Kastell: Aufbau auf einem Schiff des 14. bis 16. Jahrhunderts, in dem zum Beispiel die Unterkünfte der Besatzung lagen.

Katamaran: Ein Schiff mit zwei Rümpfen.

Kiel: Unterster, in der Mitte liegender Balken des Schiffsrumpfes.

Klinker: Schiffsbauweise, bei der die Holzplanken schräg übereinanderliegend befestigt werden.

Klipper: Schnellsegler im 19. Jahrhundert, mit dem man unter anderem Waren aus Asien nach Europa transportierte.

Knoten: Die Geschwindigkeit eines Schiffes misst man in Knoten. 1 Knoten entspricht 1,852 Stundenkilometern.

Kogge: Schiffstyp, der in der Zeit der Hanse weit verbreitet war.

Kompass: Wichtiges Hilfsmittel, um die Himmelsrichtung zu bestimmen.

Kraweel: Bauweise, bei der die Planken aneinanderliegen. So ergibt sich eine glatte Außenwand.

Lotse: Der Lotse geht an Bord eines Schiffes, bevor es in den Hafen einläuft. Er kennt die Gewässer des Hafens sehr genau und kann das Schiff sicher in den Hafen navigieren.

Navigation: Die Bestimmung des Standortes und der Fahrtroute.

Offshore: So bezeichnet man Gebiete, die vor der Küste liegen.

Radar: Ortung und Abstandsmessung durch ein Funksignal.

Reederei: Eine Reederei ist ein Schifffahrtsunternehmen.

Riemen: Die Vortriebruder an einem Schiff nennt man auch Riemen.

»Santa Maria«, die berühmte Karacke des Christoph Kolumbus

RoRo-Schiff: Auf ein sogenanntes Roll-on/Roll-off-Schiff kann ein Lkw oder ein Zug beladen auf- und abfahren.

Rumpf: Der Schiffskörper.

Schoner: Bedeutender Schiffstyp für den Überseehandel im 19. Jahrhundert.

Steuerbord: Die rechte Seite eines Schiffes, wenn man in Fahrtrichtung blickt. Bevor das Heckruder eingeführt wurde, saß das Steuerruder auf der rechten Seite des Schiffs – daher der Name.

Steven: Verlängerung des Kiels nach vorne (Vordersteven) oder hinten (Achtersteven).

Takelage: Die Masten und Taue eines Schiffes nennt man auch Takelage.

Trireme: Römisches Kriegsschiff mit drei Reihen von Ruderern.

Werft: Ein Betrieb, in dem Schiffe gebaut oder repariert werden.

WAS IST WAS Band 25

Bildquellennachweis: akg-images: 25um, Blohm + Voss: 26/27u, CIA: 20or, Corbis: 6u (Underwood &Amp Underwood/National Geographic Society), 12mr (S. Raymer), 14o (F. Greenaway), 14or (The Gallery Collection), 18 (Hg. - Fine Art Photographic Library), 18or (J. Rogers), 18mr (Macduff Everton/Science Faction), 19o (H. Leue), 19ul (B. Hogues), 19ur (Bob Krist), 21or (Danilo Cailung/Spirit), 22ml (Bettmann/Irving Underhill, New York), 25ul (Hulton-Deutsch Collection), 29ur (R. White), 30or (Found Image Press), 30mr (Bettmann), 34ol (N. Fobes), 35ur (Photri Inc./age fotostock Spain S.L.), 39or (Image Plan), 39ur (Ian Trower/JAI), 40 (Hg. - Anthony West), 41o (Monty Rakusen/cultura), 42um (Bo Zaunders), 43or (Radius Images), ddp images: 2ul, 25or, 28/29 (Hg.), 34ml (Kyodo / SIPA USA), 44or (Michael Schwartz/Sipa Press), Getty Images: 1 (mbbirdy), 7um (M. Wynn/Nativestock.com), 7ml (allanbarredo), 8or (UniversalImagesGroup), 11ur (S. Jonasson), 16m (101cats), 19mr (Karte - FlamingPumpkin), 23or (Rischgitz), 28om (UniversalImagesGroup), 28or (UniversalImagesGroup), 29ol (R. Viollet), 32o (T. Helbig), 34or (E. Remsberg), 42o (Science & Society Picture Library), 42ur (Heath Korvola), Hafen Hamburg/Lindner: 39ol, Hapag-Lloyd Kreuzfahrten/Europa 2: 44/45u, iStock: 24m (duncan1890), 35 (Hg. - toddmedia), JadeWeserPort Realisierungs GmbH & Co. KG/Susanne Thomas: 38or, Kolar, Ingrid: 3ml, 3ul, 46 (Hg.), 46m, 47ol, 47mr, 47ul, MSC Kreuzfahrten: 45or, Offshore Windpark Alpha Ventus: 40m, 40ul, Picture Alliance: 7om (Imagno), 8u (De Agostini), 17ur (dieKLEINERT.de/E. Kleinert), 19um (B. Wüstneck), 22o (WZ-Bilddienst), 23mr (K. Nowottnick), 27m (UPI), 30u (dieKLEINERT.de/E. Kleinert), 31o (AP), 31ml (G. Herold), 31mr (Chinafotopress), 35or (R. Holschneider), 35m (P. Pleul), 43ur (Wissen Media Verlag), 44om (epa Royal Caribbean), 45m (R. Chiasson), 45ol (K. Nietfeld), 45om, Picture Alliance/akg-images: 4/5 (Hg.), 11ol, 12o, 14ul, 14ur, 21ol, 26or, 26ul, 27or, Science Photo Library: 22ul (M. Platt-Evans), 24l, 25ur, 33ml (L. Douek/Look at Sciences), 33mr (R. Novosti), Shutterstock Images: 5or (K. Ivanyshen), 10ul (Tanchic), 17om (Welle - I. Filimonov), 19mr (Totenkopf - SoRad), 21 (Papier - R. Mackenzie), 38m (I. Kruk), 41ur (fotofactory), 47ur (V. Goinyk), Tessloff: 38/39 (Hg.), Thinkstock: 2o (G. Doyle), 3mr (G. Petrykowski), 7ol (P. Babelon), 9um (M. Hilverda), 9l (N. Smit), 16ol (Zoonar RF), 16ur (G. Doyle), 17ol (J. Belanger), 17om (Segel - sodapix), 17or (E. Pozar), 17ul (Yong Hian Lim), 17um (B. Ingelhart), 20ur (alblec), 20 (Hg. - Neven Bijelic), 21ul (Suljo), 31um (Purestock), 33or (A. Mitiuc), 33u (L. Neeleman), 38ul (T. Makowski), 41or (Jupiterimages), Wiki: 9or (Rama), 40or (Carschten), Wikinger Museum Haithabu: 2mr, 10or

Vorsatz: Shutterstock (VikaSuh) ol, Shutterstock (Smit) ur
Umschlagfotos: U1: Picture Alliance (K. Scholz), U4: Corbis (Arctic-Images)
Gestaltung: independent Medien-Design

Illustrationen: Canestari, Guido: 5om, 6or (Einbaum, Fellboot), 8mr, 13ur, 15o, 24or, 48or, Golden Section Graphics GmbH: 3or, 36/37, Kostka, Manfred: 43mr, Kruse-Schulz, Udo: 6or (Floß), 9mr, Sol90: 2m, 10/11m, 15m, Werner, Gerd: 23ul, 34u

Copyright © 2013 TESSLOFF VERLAG, Burgschmietstraße 2-4, 90419 Nürnberg

www.tessloff.com

Die Verbreitung dieses Buches oder von Teilen daraus durch Film, Funk oder Fernsehen, die Nachdruck, die fotomechanische Wiedergabe sowie die Einspeicherung in elektronische Systeme sind nur mit Genehmigung des Tessloff Verlages gestattet.

ISBN 978-3-7886-2048-6

FSC MIX Papier aus verantwortungsvollen Quellen FSC® C095359

 **Der Mensch**
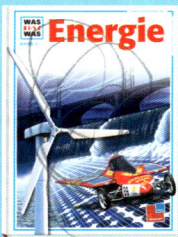 **Energie**
 **Chemie**
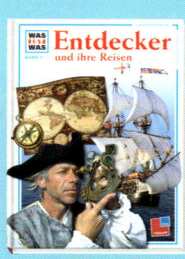 **Entdecker** und ihre Reisen
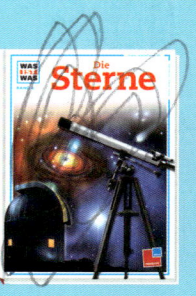 **Die Sterne**
 **Das Wetter**
 **Das Mikroskop**

 **Der Mond**
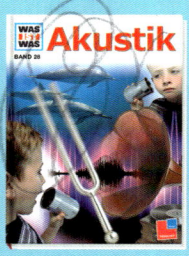 **Akustik**
 **Wissenschaften**
 **Insekten**
 **Bäume**
 **Meereskunde**
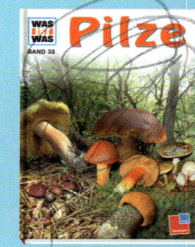 **Pilze**

 **Fische**
 **Indianer**
 **Schmetterlinge**
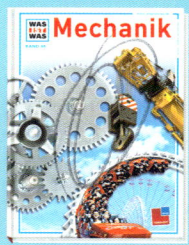 **Mechanik**
 **Elektronik**
 **Luft und Wasser**
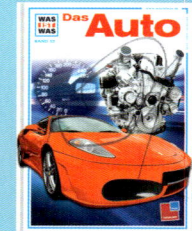 **Das Auto**

 **Fotografie**
 **Die alten Griechen**
 **Eiszeiten**
 **Geschichte der Medizin**
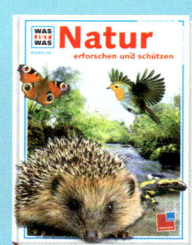 **Natur** erforschen und schützen
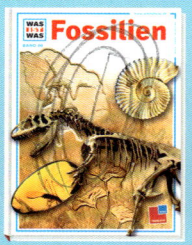 **Fossilien**
 **Heimtiere**

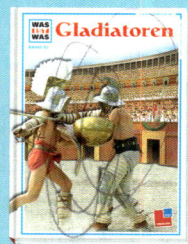 **Gladiatoren**
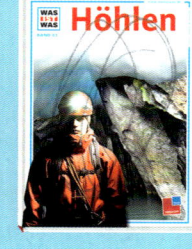 **Höhlen**
 **Mumien**
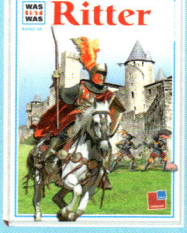 **Ritter**
 **Der Regenwald**
 **Schatzsuche**
 **Zauberer, Hexen und Magie**

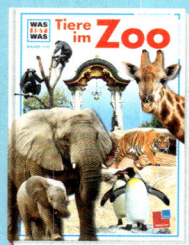 **Tiere im Zoo**
 **Europa**
 **Bären**
 **Bauernhof**
 **Bionik**
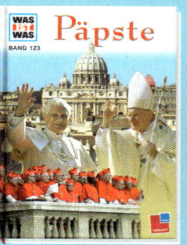 **Päpste**
 **Bergbau**